U0894603

每天懂一点人情世故

（畅销修订版）

菜根谭中的做人做事智慧

章岩 编著

天津出版传媒集团
天津科学技术出版社

图书在版编目(CIP)数据

每天懂一点人情世故 / 章岩编著. —天津：天津科学技术出版社,2010.2(2023.3重印)

ISBN 978-7-5308-4889-0

Ⅰ.①每… Ⅱ.①章… Ⅲ.①人际关系学-通俗读物Ⅳ.①G912.1-49

中国版本图书馆 CIP 数据核字(2010)第 000443 号

每天懂一点人情世故

MEITIAN DONG YIDIAN RENQINGSHIGU

责任编辑:曹　阳

责任印制:兰　毅

出　版：天津出版传媒集团
天津科学技术出版社

地　址:天津市西康路 35 号　邮编 300051

电　话：(022) 23332377

网　址:www.tjkjcbs.com.cn

发　行:新华书店经销

印　刷:天津旭非印刷有限公司

开本 710×1000　1/16　印张 16　字数 190 000

2023 年 3 月第 1 版第 8 次印刷

定价:49.80 元

序　世事洞明皆学问，人情练达即文章

在这个世界上,到处都是有才华的“穷人”。他们才高八斗、学富五车,甚至有着上天入地的本领,但为何最后却落了个穷困潦倒、一事无成的下场呢?而许多并没有什么才华的人却能功成名就、春风得意?都是两个肩膀扛着一个脑袋,为什么我们的人生竟会如此不同?

究其原因,就是人情世故!从某种程度上说,是否懂得人情世故,决定一个人的一生是飞黄腾达,还是穷困潦倒!

大凡成功的牛人,无一例外都明白这一点。他们读懂了社会的本质和人性的法则,知道对方需要什么,知道对方脑子里在想什么——要想钓到鱼,就要像鱼那样思考。你几乎看不见他奔波劳碌,但是在不动声色中,他就已经实现了人生目标。他们成功的密码是什么?其实很简单,无非“人情世故”四个字而已!

作为一名中国人,一定要懂人情世故!这是个最基本的要求。如果不懂人情世故,一个人还出来打拼什么呢?从一开始就注定了没有成功的可能,这样折腾下去也只是白白浪费精力。而一个对人情世故运用纯熟的人,哪怕刚开始能力差一些,未来还是大有希望的,因为只要他掌握了这一独门绝技,就迟早能够迎来命运的转机。哪怕你是一名武林高手,哪怕你是含着金汤匙出生,如果不懂人情世故,好日子也不会长久,肯定会走到走投无路的地步。这是真理。只要你稍微动脑想一想,就能想出很多身边的事实。你会发现，真正的聪明人做人做事恰到好处、滴水不漏，不仅收获了实利，也落下了美名；而有的人则刀子嘴豆腐心，不少帮别人的忙，却没有一个说他好，培养了不少敌人在身边。这大都是不懂人情世故的缘故。

生容易，活容易，生活不容易。在这个世界上，每个人都必须面对残酷的竞争。因为不懂人情世故，历史上很多立下汗马功劳的功臣名将，最后落了个被诛杀的下场——他们没有倒在敌人的剑下，却冤死在自己人的手中。鲜血横溅、脑浆涂地，世上无处可售后悔药。即使有，后悔也已经来不及了。他们光辉灿烂的一生，就这样草草收场。如此用鲜血和脑浆写下的沉痛忠告，我们怎可不懂？

谋生很难，想谋得好更是难上加难。一不小心就会穷困潦倒、一事无成。事业不成，哪怕你才高八斗、学富五车，都将沦为猪狗不如！如果事业有成，哪怕是一个酒囊饭袋，也会被人吹捧成天才！人情冷暖、世态炎凉，这就是现实的残酷之处。这个世界人口太多，生存压力太大，要想让自己生活得好、活出个名堂，就必须让自己懂点儿人情规则。的确如此，人生就像一场游戏，不懂规则的人，最终会死得很难看，而对规则运用纯熟的人，才能在游戏中玩得痛快，玩得开心，玩出自己想要的一切！

俗话说：“世事洞明皆学问，人情练达即文章。”无论古今中外，人情世故都是一门必修的课程和学问。本书在此抛砖引玉，以裸奔的精神作一次全新的尝试。从某种意义上说，这是一本敢于说真话的书。一本将中国人情世故一语道破的书！一本将千年智慧与当下实际相结合的书！每一个中国人都要读！

目　录

第三章　世界上到处都是“聪明”的傻子

第四章　为什么有的人做得很棒却得不到提拔和重用

第五章　真理在少数人手中——你无需活给别人看

第一章

锋芒太露容易没饭吃

为人处世的第一要义——锋芒太露容易没饭吃；好东西不要一个人独吞，要适当分给大家一些，否则别人会嫉恨你！这些人情世故，是老祖宗们用鲜血和脑浆写下来的忠告！

好东西不要一个人独吞，要分给大家一些

原文

径路窄处，留一步与人行；滋味浓时，减三分让人尝。此是涉世一极乐法。

译文

在道路狭窄时，要留一步让别人能走；在享受美餐时，要分一些给别人吃。这是立身处世获得快乐和成功的最好方法。

小时候，爸爸经常告诫我说："好吃的东西不要一个人独吞，要适当分给大家一些，否则小伙伴就不跟你一起玩，别人就嫉恨你，有了好处也会把你挤到一边。"那个时候，我对这些话似懂非懂、半信半疑，所以总因小事与人争个你死我活。

等我长大踏入社会，现实的磨砺和复杂的人际关系，让我彻底明白了这句话的深刻含义。

一个人只有懂得了这个道理，才能顿悟成功人物之所以成功的原因。比如，小朋友聚在一起做游戏，其中一个孩子肚子饿了，就从包里拿出好吃的糕点，正好被大家看到。这时，他有两种选择：分一些给大家，或者自己独吞。选择是瞬间做出的，但却能导致一生截然不同的结果。

1. 分给大家。小伙伴因为得到美食，都很喜欢他、拥护他。从这一刻起，他在这群同龄人中脱颖而出，成为这个小团体中当之无愧的领袖，将来成为号召力很强的人。

2. 自己独吞。旁若无人，全塞进自己嘴里吃掉。糕点是他的，这没问题。但大家都拿他当小气鬼，以后没人跟他玩。他失去了一个在团队中当头狼的机会，而且失去了团队的信任，拐进的是一条狭窄的胡同。顺着这个轨迹成长，他将来很可能就是普通人。

一个不经意的选择，就决定人的一生。并不是所有的事情都是狭路相逢勇者胜，在恰当时机懂得与人分享，可以让大家都得到利益，最后自己也会戴上赢家的桂冠！

人与人之间的相处，很多时候并不是单项选择题——有你没他，而是多项选择，可以双赢。有些人不明白，他们只知道对抗到底、鱼死网破。为争名夺利打得头破血流、同归于尽的例子，我们身边经常上演。这种人永远没能体悟到，在必要时让一步，反而能给自己带来更大的好处。

有个年轻公务员，毕业于名校，才华横溢，走到哪儿都带着一股指点江山、舍我其谁的气势。他觉得别人都如无用蝼蚁，不配跟自己比。“我的能力最强，所以理应得到最多。”他总是这么想，得到好处不与同事分享，事事都独占头功。

结果怎么样呢？部门里的同事联起手来，结成同盟，跟这位“优秀人才”较劲，合力拆他墙角、拖他后腿，处处找他麻烦，任你多么爱岗敬业、尽职尽责，我等就是不配合。一个人处在这种环境下，要想做成点事情，那真是比登天还难!

最后,这位年轻人的工作当然做不好,走到哪儿都碰壁,一身才华困在腹中无法施展,甚至没处诉苦!于是,领导痛责,同事不怜,他在每个人面前都没留下好印象。到了这地步,单位分给他的那把椅子就该收回去了。

只想好处独占却落个一无所有,你说可怜不可怜?有句话说:“世界上没有永远的朋友,也没有永远的敌人,只有永远的利益。”这句话表明国与国之间、人与人之间交往的根本问题其实就是利益分配。懂得利益分配,其实就悟透了人性的本质、社会的真相。

《菜根谭》中有句话说:“人情反复,世路崎岖。行不去处,须知退一步之法;行得去处,务加让三分之功。”意思就是,人间世情反复无常,人生之路崎岖不平。在人生之路走不通的地方,要知道退让一步的道理;在走得过去的地方,也一定要给予人家三分的便利,这样才能逢凶化吉、一帆风顺。

留一步让三分,不仅给别人留一条活路,也是拓宽人际资源的绝妙之策。今天你让了他一步,明天他会还你两步,等于交了一个好朋友,在社会上打开一道通往成功的方便之门。如果你不懂利益均沾原则,凡是好处都自己独吞,那么即使拥有惊世的才华也只能沦为无用的白纸!如果学点分享主义,好处利益适当地分给众人,让每个人的心理得到平衡,这样大家肯定会通力合作,协助你顺利成功。

《菜根谭》中还有一句话说:“争先的径路窄,退后一步自宽平一步;浓艳的滋味短,清淡一分自悠长一分。”意思就是,和人争强好胜道路就会越走越窄,如果能退后一步就会路面宽平、天地广阔;凡是太过浓烈的味道总容易让人生腻,如果能清淡一分就会觉得滋味历久弥香。大凡成功的“牛人”无一例外都懂得这一点。他们一掷千金、让利于人,让跟随自己的人得到实惠，从而死心塌地、赴汤蹈火。即使是最精明的大商人，也都奉行这一理念。比如，一个大项目，明明自己有能力承接，也要退让一步，拉合作伙伴一起开发，以此展现自己“路留一步，味让三分”的气度，宣告自己不是那种断人财路、独占福源的人。

事实正是如此，唯我独尊最危险，大家都有汤喝才是王者之道！这一处世法，是中国几千年来一直奉行的“潜规则”。是否懂得这一处世法，决定一个人的一生是坎坷不平，还是顺风顺水。

鹰立如睡，虎行似病：锋芒太露容易没饭吃

原文

鹰立如睡，虎行似病，正是它攫人噬人手段处。故君子要聪明不露，才华不逞，才有肩鸿任钜的力量。

译文

雄鹰站立的样子好像睡着了，老虎行走时懒散无力仿佛生了大病，实际上这正是它们捕人吃人的高明手段。所以真正聪明的人要做到聪明不显露、才华不炫耀，如此才有干大业做大事的担当和力量。

锋芒太露容易没饭吃——这是跌过跟头的老祖宗们用鲜血和脑浆写下的忠告！可惜很多人就是不明白这个道理。他们认为自己聪明过人、

能力超群，看谁都是豆腐渣，唯有自己是朵花，什么都不放在眼里。这种人最容易没饭吃，甚至会为此丢掉性命。

相信大家都听说过“真人不露相，露相不真人”这句话，意思就是，真正的聪明人身怀绝技而深藏不露，绝不到处炫耀，而是等待时机一鸣惊人。有才华固然好，但不能整天顶在头上。就像有钱当然是好事，但你会每天提着钱箱子到街上去显摆吗？

才华是一个人成功的基础，一个有才华的人能得到大把的表现机会，一个无能的人，即使再张扬表现自己也不可能成功。但一个有才华的人过于炫耀自我，压制了他人的表现空间，损害了他人的利益，就必然招致众人的一致嫉恨。如果发展到这一步，他的前途和事业就非常危险，随时可能被人拉下马来！

三国晚期的诸葛恪，是诸葛亮的兄长诸葛瑾的儿子。名门之后，家教严格，他在很小的时候就展现出了才思敏捷、天赋过人的特质，大家都认为他的才能超过了其父诸葛瑾。不过，诸葛瑾不为有这么一个好儿子感到高兴，反而觉得诸葛恪会给家族带来不幸。为什么呢？诸葛瑾说：“恪性格急躁、刚愎自用，而且太喜欢表现自己，锋芒过于外露，终将引来祸端。”果不出父亲所料，诸葛恪长大掌权后，逐渐独断专行、以才压人，认为自己什么都最好，目中无人。建兴二年（公元253年）十月，托孤大臣孙峻暗中联合吴国君主孙亮，以赴宴为名将诸葛恪诱入宫中，在宴会上将诸葛恪杀害，时年五十一岁，其家族也因此遭受牵连被诛灭。

在这个世界上，才华出众却被排挤的人随处可见。他们才华在手，就像拥有一把传世名剑，逢人就要吹嘘一番，拿在手中四处挥舞，生怕别人不知道他有惊世之才，傻乎乎地把自己树成人人想打的活靶子。他们看不见自己脚下的火坑，就这样不知不觉掉了进去。

才华犹如一把双刃剑，可以刺伤别人，也会刺伤自己，所以运用起来应当小心翼翼，平时应插在剑鞘里。凡是做大事业的人，都应该修炼“藏露”之功。明代洪应明在《菜根谭》中说：“文章作到好处，无有他奇，只是恰好。人品做到极处，无有他异，只是本然。”才智的使用也应如此，用至好处，只是恰好。当智则智，当愚则愚，愚也是一种智。必要时，装一装“低能儿”，做一做“糊涂人”，都是明智之举。

当一个人遭遇挫折的时候，或许会抱怨呐喊——我这么有才华，为什么却落了个穷困潦倒、一事无成的下场？苍天真是不公！苍天真的不公吗？非也，是他不懂基本的人情世故的缘故。这一切都是他自己造成的。当他面临人生败局时，是否应该自我反思一下呢？是否做得太过分了？是否目中无人，过于突出自己，忽视了众人的感受？是否自以为聪明绝顶，别人都愚不可及？一个人如果这样反思一番，就能找到问题的症结，然后对症治疗，等顿悟明澈之后，也就真正成熟起来了！

翻开《二十四史》，我们可以轻易地发现被小人运用阴谋诡计杀害的忠臣名将不计其数。韩信、岳飞、袁崇焕等等，莫不如是。这种悲剧的发生，一方面是因为小人过于奸诈残忍，另一方面又何尝不是因为被害者不懂玉韫珠藏的智慧呢？他们风头过于张扬，才华过于横溢，同时又目空一切，不把身边的同僚甚至自己的老大放在眼里，这样的人不掉脑袋才怪。

此外，《菜根谭》中还有这样一段话：“士君子之涉世，于人不可轻为喜怒，喜怒轻，则心腹肝胆皆为人所窥；于物不可重为爱憎，爱憎重，则意气精神悉为物所制。”意思就是，一个人为人处世，不可喜怒形于色，否则心腹肝胆都让人看透了；对待外物，不可爱憎太重，否则意气精神都会受到外物的控制。西方世界也有类似的说法：“法兰西人的聪明藏在内，西班牙人的聪明露于外。”前者是真聪明，后者是假聪明。在人际交往中，我们一定不能自作聪明，要学会真聪明——切忌只知伸不知屈；只知进不知退；只知自我表现，不知韬光养晦。如此一来，我们即使才高八斗，也照样两手空空。

在社会上行走，我们每个人都要掌握这种低调隐忍的做人绝学。多一些深思熟虑，少一些锋芒毕露，千万不要把肚子里的“宝贝”像竹筒倒豆子一样全拿出来。若不懂这一道理，肚里有再多的宝贝，也终将成为别人的囊中之物！

兔子急了会咬人，千万别把对手逼到绝路上

原文

锄奸杜倖，要放他一条去路。若使之一无所容，譬如塞鼠穴者，一切去路都塞尽，则一切好物俱咬破矣。

译文

铲除邪恶、杜绝小人，有时应给他们留一条改过自新的生路。如果逼得对方无立足之地，就像把老鼠能够逃生的出口都堵住，它会在走投无路的情况下把一切好东西全都给你咬坏。

为什么说兔子急了也会咬人呢？要知道，兔子本来是温顺的动物，不到万不得已它一定不会反击。但如果被人逼到绝路上，就必然会孤注一掷！

正因这个道理，落水狗不能打，打急了会窜上来跟你拼命。穷寇不要

追，是因为困兽犹斗、垂死挣扎，会对你造成不必要的伤害。做人做事要懂这个基本常识。给对方留条活路，你也受益无穷。不过有些人就喜欢落井下石、斩尽杀绝，结果呢，对手永远杀不绝，自己的立足之地反而越来越窄。

东汉年间，大将窦固率军攻击匈奴。这支匈奴骑兵只有500人，从大漠深处飞奔而来，为的就是趁秋收期间抢夺老百姓的粮食。但他们刚入关不久，就被窦固的兵马围在了一座山谷中。汉军把山谷两侧的出口堵个滴水不漏，然而连续向内攻击了十几次，都没能把这区区500人歼灭。匈奴人组成一个圆阵，躲在石头后面，不停地向外放箭，谷口躺满了汉军士兵的尸体。

窦固见此情景，命令部下把一侧出口的士兵撤走，留出一条路。部下大惑不解："将军，敌军陷入重围，就是插翅也飞不出去啊！何况只有区区几百人！只要再攻数日，一定能将他们全歼！不知您为何要放他们逃生？""当然不是放他们逃生。"窦固说，"现在他们没有退路，必然个个向前，奋勇死战。何况谷内草木繁盛、水源充足，他们也困不死。长时间这样耗下去，就算我军最后大获全胜，也已经伤亡惨重，所以才要放他们出来，在追逐中斩杀他们。"

情况果然如窦固所料，这支匈奴部队从山谷里逃出来之后，眼见有了生路，拼命地向北逃跑，犹如惊弓之鸟，队形散了，人心乱了，没有人再想着回头跟汉军拼命。窦固率领的汉朝骑兵就在后面保持着一定的距离，不断用弓箭进行射杀，不到一天，就消灭了这股入侵之敌。

兵者，置之死地而后生。这个道理很容易理解，如果我们把敌人逼到绝路，看不到一点希望，他们反而会破釜沉舟，跟我们来个鱼死网破。此时的敌人个个是猛虎，个个背水一战。我们要想打胜仗可就不那么容易了！即使最后赢了，也已经付出巨大的代价，得不到任何好处。

在历史上，像这种置之死地而后生的例子屡见不鲜。春秋时，燕将乐毅出兵攻打齐国，只有即墨城没有攻打下来。他们就围得死死的，猛攻紧打。这时齐军已到垂死的边缘，突然齐国名将田单振臂高呼："国就要亡了，我们怎还会有家？"于是士兵人人有誓死报国的决心，竟然一战收复全部失地。请让我们假设一下：如果燕军在攻到即墨城时能放对方一条生路，他们必将争相逃命，哪有士气可言？就算换个地方再战，对方因为有了失败经历，如同惊弓之鸟，也是最容易对付的敌手，可谓最薄弱的环节。照准这个环节一刀砍去，哪有不胜之理？

生意场上也是如此。曾经的蒙牛总裁牛根生说："不要把你的竞争对手逼到绝路，也不要轻易激怒他……损人一千、自耗八百的蠢事不要干！"事情往往如此，当我们咄咄逼人，把对手逼得无路可逃的时候，往往自己发不了财，甚至会赔个精光。因为对方无路可走的时候，必定会像兔子蹬鹰一样，以疯狂的策略给我们致命的一击！这样一来，即使我们击败了对手，自己也伤得不轻。这样的话，就算不上什么胜利，反而是不败之败了。

上海有一家贸易公司的老板，做生意特别厉害，运用"大鱼吃小鱼"的吞并策略，将当地大大小小的十几家企业全都吃进了肚，形成了一个局部垄断的大集团。他最喜欢的一句诗，就是毛泽东的"宜将剩勇追穷寇，不可沽名学霸王"。出手毒辣，不留余地，因此扩张得很快。

可是，此举得罪了不少人，尤其那些失去当前财路、又没有机会另寻生路的人。就在这家公司生意蒸蒸日上，名声达到顶峰的时候，一些被他打败的对手搜集到了他在某项投资中官商勾结、暗箱操作的证据，举报给了经侦部门。这个霸道十足的商业帝国，就这样顷刻间轰然坍塌。

为人处世，这个道理同样适用。我们总会碰见形形色色的人，许多人或许会露出弱点和错误，这个时候如果你步步紧逼，抓住别人的错误打击到底，不给一点面子，也不给对方一点台阶下。如此一来，对方就会跟你针锋相对，撕破脸皮斗到底，不是他死就是你亡！你们之间不仅做不了正常的朋友，说不定会成为世代的仇敌。这对你人脉圈的拓展非常不利，必将严重影响你未来事业的发展。

我们一定要懂得“千万别把对手逼到绝路上”这一处世法则。对于那些不足挂齿的小错误，应该大度地给对方一个调整纠正的机会，必要时甚至可以帮对方遮掩一下。这样一来，你收获的不仅是衷心的感激，还有众人死心塌地的支持！

别轻易交心：诚实不当傻瓜，坦诚而不幼稚

原文

遇沉沉不语之士，且莫输心；见悻悻自好之人，应须防口。

译文

对沉默寡言、表情阴沉的人，不要轻易地推心置腹；碰到满脸怒气、自以为是的人，则一定要管住自己的大嘴巴。

凡是吃过亏、栽过跟头的过来人都喜欢说这样一句话：“忠厚是无用的别名。”这种说法也许太刻薄了一点，但如果我们仔细想一想，就会发现这句话绝不是空穴来风，更不是教人作恶的不良言辞，而是无数过来人

在屡屡碰壁之后，归纳总结出的人生警句——他们都曾为此付出巨大的代价。

让我们假设一下：如果你过于忠厚和实诚，别人套什么话都一一作答，但等你问别人的时候，他却以各种各样的理由给予推托。过后的感觉就像被人扒光了衣服，而别人却穿戴体面地坐在车厢里笑你傻瓜！确实如此，在现实中到处可见被骗了还帮人数钱的人，他们回头还不忘说句“谢谢”。

林立是一个特别忠厚老实的人。在外地生活了二十年后，却怎么也学不会世人的人情世故，更不会辨别他们的虚伪。林立曾经做过电器生意，总是因为过分地相信别人，不是被客户拖欠货款，就是被员工要赖勒索。这种忠厚老实，在亲友们看来其实就是懦弱，经常被指责和埋怨。几经挫折之后，再加上患有心脏病，林立终于放弃做生意的念头，踏上去东北的火车，在黑龙江一家农场帮人打工，一直艰难地生活着。

在这个世界上，每个人都为生存而奔波，为生存而殚精竭虑。我们逃避不了这个板上钉钉必须面对的现实。为了生存下来，为了生活得更好，我们有必要让自己智慧起来，有必要在复杂的社会关系中游刃有余。因此我们要牢记的一条就是——做人不可太老实，否则很可能一辈子拼命奋斗而一无所获。很多人想不明白为什么自己勤奋一生而仍然不能富有起来？相信在这里能找到正确答案。

做人不可不真诚，但也不可太老实，这并非教人学坏的言辞，而是痛心教导世人在为人处世时要懂得弹性和技巧。要知道，历史上很多人就是因为过于忠厚实诚，轻易交心而泄露底牌，最终为自己惹来了杀身之祸。

宋文帝刘义隆，中国南北朝时期刘宋王朝的第三位皇帝。其人忠厚仁慈、为人大度，经常对年老、丧偶、年幼丧父及患重疾而生活困难的民众进行抚恤，因此深受百姓爱戴。

看到父皇如此年富力强，急于篡权的太子刘劭，把文帝的玉像埋在含章殿前，诅咒他快死，好让自己快点继位。刚开始，文帝蒙在鼓里不知道。不久，刘劭的奴仆陈天兴与婢女王鹦鹉私通被发现，被刘劭给杀掉了，与他一起埋文帝玉像施行诅咒的太监门庆国吓坏了，误以为自己肯定也要被灭口，于是就向文帝坦白告发了事情的真相。

文帝得知以后，又惊又气，派人搜查王鹦鹉家，获得太子的不少罪证。当夜，文帝与尚书仆射徐湛之密谋，准备废掉太子，同时还要赐死太子的同党——小王爷刘浚。

眼看两个阴谋家就要完蛋，因为文帝只要一下令，这个局也就定了。可是，这个轻而易举的胜局，竟然坏在文帝自己身上。忠厚坦诚、胸无城府的文帝一时昏了头，竟把此事一五一十地告诉了潘淑妃。潘淑妃是什么人哪？小王爷刘浚的养母啊！她爱子心切，秘密通知小王爷刘浚。刘浚马上派人速报太子刘劭。他们连夜起兵，攻入皇宫，把文帝给杀了。文帝时年四十七岁，可谓英年早逝。

如果文帝能事先想想潘淑妃与刘浚的关系，以及刘浚与太子的交情，参透其中的利害，又怎会轻易泄露这么重要的机密呢？所以，仁慈诚实可以，但切莫在任何关键问题上都胸无城府、毫无戒备。这就告诉我们在说话做事之时，一定要看清对方是谁，了解他是什么性格，平时做事的特点是怎样的……这一切事先都要有个基本的分析，千万不可对谁都忠厚老实，动不动就掏心窝子！

《菜根谭》中说："遇沉沉不语之士，且莫输心。"的确如此，那些沉默寡言、喜怒不形于色的人，他们的城府往往很深，心机也特别多，与之交往就必须注意——千万不能太急着把自己的底牌暴露给他，因为你不知道他是善意还是恶意，是敌人还是朋友。如果说话做事太仓促、太缺乏考量，很容易就被他抓住弱点，反过来钳制你！

相信被欺骗利用的滋味没人愿意品尝吧？为了避免这样的下场，我们就要让自己“逢人且说三分话，未可全抛一片心”。这一忠告听起来好像很滑头，实际上并非如此，这是一种谨慎的处世态度。与人交往，必须牢记一个原则——诚实但不当傻瓜，坦诚而不幼稚！

诚实但不当傻瓜，是什么意思？就是保证自己说给别人听的话大都是真实的，不含欺骗成分，但在关键问题上有所保留。如果把自己的全部信息毫无保留地告诉对方，那就是傻瓜了。比如跟人做生意，你不弄清对方是什么人，不了解他的用意，然后就将重要信息泄露给他，这时他就可能会甩开你，直接去跟客户做生意。

坦诚而不幼稚，又怎么讲呢？世界上总有人心险恶的一面，我们要懂得把握分寸。如果总是怀疑一切，拒人于千里之外，说明你不够坦诚。但如果不管对方是什么人，都傻呵呵地跑过去掏心窝子，一厢情愿地以为会收到对方善意的回应，这就相当幼稚。

诚实与傻瓜之间的区别就在于此。这要求我们，对待不同的人，说话做事要有所区别。逢人只说三分话，这三分都是真话，那七分不说的，也是真话。未可全抛一片心，抛出来的是真心，藏在心里的当然也是真心。所以，在为人处世过程中，我们可以忠厚，但绝对不能当傻瓜，被人卖了还帮人数钱是可悲的，这种丑事千万别落到自己身上。

天下没有免费的午餐，天上掉的馅饼别乱吃

原文

非分之福，无故之获，非造物之钓饵，即人世之机阱。此处着眼不高，鲜不堕彼术中矣。

译文

不该得的福分、从天而降的意外之财，即使不是上天故意设下的钓饵，也肯定是别人暗算你的机关陷阱。如果不睁大眼睛保持警惕，很少有人不落入这些诈术圈套中。

据说在几百年前，一个老国王交给他最聪明的臣子一个任务："你去给我编一本书，叫《各时代的智慧录》，以传给我们的子孙。"

这个臣子接到任务之后，就带着一批人去编书了。他花费了很长时间，整整编写了十二卷，几百万字。老国王看到他编好的书说："我相信这是各时代的智慧结晶，但是它太厚了，我怕后人不能认真地看完，最好把它浓缩一下。"

臣子又精简了很多，最后将十二部书精简到一卷。但是，国王还是认为有些长，又命令臣子去压缩。臣子无奈，把这卷书浓缩到了一篇文章。老国王还是觉得有些长。臣子不得不又进行浓缩，把一篇文章浓缩到一页，后来又把一页浓缩到一段，最终，浓缩到一句话。

老国王看到这句话,十分高兴:“各位爱卿,这可是各时代的结晶啊!只要大家抓住了这句话,所有的问题都迎刃而解了。”

这句经过千锤百炼的话,就是——天下没有免费的午餐!

磕磕绊绊成长到现在,许多骗子给善良的人们上过昂贵的“人生课”,这些都是血泪经验。我们要牢牢记住一个信条——天上不会掉馅饼,世界上没有免费的午餐!如果不是互有利益关系,谁也没有义务为你提供免费的午餐,就好像糖衣炮弹,蜜糖下包裹的可能是致命的毒药。

如果收下免费的午餐,就得收下伴随而来的诸多麻烦,这就叫“吃不了兜着走”。

是的,谁不想一夜成名、一夜暴富呢?这样就省得自己辛苦拼命了。但是这怎么可能呢?别人凭什么把自己辛辛苦苦得到的午餐送给你?换句话说,你会把自己辛苦挣来的午餐给别人么?如果做不到,那么为什么要求别人做到呢?所以,与其把这些毫无可能的希望寄托在别人身上,不如自己去努力,挣自己的午餐。

母亲曾跟我讲过一次自己受骗的经历。一天,她走在繁华的马路上,突然看到路边不引人注目的角落里放着一个钱包。钱包的拉链敞开一半,里面露出几张百元大钞。母亲顿时就动了心,上去把它捡起来。打开一看,里面有五千元钱。

这下可发财啦!母亲正想揣进兜里,旁边过来两个人,警告说:“这不是你的钱,我们也都看见了,要想不让我们告发你,就得分给我们一半!这样吧,你先把这个钱包藏起来,别让人发现了。现在你口袋里有多少钱,随便给点就行!”

母亲心想也可以啊,我口袋只有几百块钱,堵住他们的嘴巴,这些钱都全归我了!于是想都没想,把口袋里的钱全部掏给他们。等这两人走后,母亲越想越不对劲,重新把捡到的钱拿出来,对着太阳仔细一瞧——

全是假钞！

骗子就是这么成功的。他们利用了人性中贪图非分之财的弱点，跟鸟儿和鱼儿被诱饵引上钩是完全相同的道理。坏人欲有所图，就会抓住你对财富的贪欲，让你主动跳进他们事先设计好的陷阱。

社会是一个大林子，林子大了，什么鸟儿都有。在这个骗子林立的世界上，我们必须懂点明哲保身的学问。正因于此，凡是电话、网络通知中奖，手机短信告诉领钱的，我们都应该一律不当回事。要知道，世上哪有这么美的事，都让你一个人赶上了？

其实，每个人身上本来就有别人可能有所图的地方，只是受害者本人也许不清楚自己到底能付出什么。这样的人在警惕性不足的情况下很容易上当。

免费的午餐会以很多形式出现，比如善意面孔背后藏着恶心的要求，比如赤裸裸的交易，比如送上门的好事，然而接下来却麻烦不断……因此当遇到"免费午餐"的时候，一定要继续往前看，看是不是还有好大一个圈套在等着？

天下没有免费的午餐，如果有人莫名其妙地送午餐给你，一定要动脑筋想想这午餐里是不是有毒？如果有个陌生人无缘无故将一只大包裹送给你，你也一定要怀疑，包裹里面是否装有毒品、炸弹？总之，虽然骗子的圈套和陷阱千变万化，但万变不离其宗，只要牢记两句话，保你安全无虞。

天上不会掉馅饼！

不见兔子不撒鹰！

伸出去的拳头只能被人打，收回来的拳头才能打人

原文

藏巧于拙，用晦而明，寓清于浊，以屈为伸，真涉世之一壶，藏身之三窟也。

译文

即使再聪明灵巧，也要显得笨一点；即使再清楚明白，也要显得糊涂一点；即使人格再高洁，也要显得世俗一点；即使再有能力也不激进，宁可以退为进。这才是立身处世最有用的救命法宝，这才是明哲保身最有用的狡兔三窟。

什么叫"以屈为伸"？打个比方，拳头——只有收回来，打人才能打得疼！年轻人往往不懂这一智慧，总是喜欢用愤青思维去做人做事，一厢情愿地将个人的意志强加于别人，这实在是一种愚蠢的自我主义。如果一个人不明白藏巧于拙、以屈为伸的道理，就必然会急于求成，不讲策略与方式，这样必将限制自我才华的发挥，影响一生的前途和命运。

记得我的大学同学H君，当年刚毕业时，雄心勃勃地想做一番大事。皇天不负有心人，他最终被一家公司录用。到了这家单位仅半个月，H君

就洋洋洒洒给领导写了一封意见书，大谈公司内部问题，上至领导的工作作风，下到员工的薪酬福利，将现有的弊病全部列举，并且还提出详细的改革建议。

H君的意见都很正确，但是结果怎么样呢？领导很难堪，虽然口头表扬他"精神可嘉"，却没半点采纳他建议的意思，而且没过多久，就找借口辞退了他。之后，H君又换了不少单位，都没办法长久干下去。

该装傻时装傻，该聪明时绝不含糊！这才是智者处世的原则。凡是真正聪明的人情老手，大都懂得藏巧于拙、以屈为伸的道理。他们不管说什么话、办什么事，都会给自己留有余地，同时韬光养晦，积累爆发的能量。想想看，你在生活中是不是遇到过这样的智者呢？他们平时看起来不怎么显眼，好像没什么本事，但关键时刻总能一鸣惊人，让众人刮目相看。

老子在《道德经》中说："大智若愚，大巧若拙，大音希声，大象无形。"大智若愚，即智慧的人表面上看好像愚笨，实则大智在其内心。这并不是让我们去当傻瓜，而是告诉我们懂得隐藏自己，冷眼观物，默默努力。不要咄咄逼人、聪明外露，这并不是让你变成藏头缩尾的"胆小鬼"，而是为人处世要分清主次，懂得方法和技巧。知道自己该做什么、不该做什么，具有与时俱进的敏锐和灵活。如果在任何时候都是木头疙瘩，那就真变成傻瓜了！

赫蒙是美国著名的矿冶工程师，毕业于美国的耶鲁大学，又在德国的佛莱堡大学拿到了硕士学位。可是当赫蒙带齐了所有的文凭去找美国西部的大矿主赫斯特的时候，却遇到了麻烦。

那位大矿主是个脾气古怪又很固执的人，他自己没有文凭，所以就不相信有文凭的人，更不喜欢那些文质彬彬又专爱讲理论的工程师。当赫蒙前去应聘递上文凭时，满以为老板会乐不可支，没想到赫斯特很不礼貌地对赫蒙说："我之所以不想用你，就是因为你曾经是德国佛莱堡大学的硕士，你的脑子里装满了一大堆没有用的理论，我可不需要什么文绉绉的工程师。"

聪明的赫蒙听了不但没有生气，反而心平气和地回答说："假如你答应不告诉我父亲的话，我要告诉你一个秘密。"赫斯特表示同意，于是赫蒙对赫斯特小声说："其实我在德国的佛莱堡并没有学到什么，那三年就好像是稀里糊涂地混过来一样。"想不到赫斯特听了哈哈大笑："好，那明天你就来上班吧。"

以屈为伸方为真英雄！才华在没有兑现之前，是一文不值的粪土！所以我们一定要让自己智慧起来，懂得隐藏自己的拳头，在关键时刻才能猛力打人！要知道，我们这一生要做许多事，不可能每件都劳心费神、张扬冒进，我们应该轻舟漂水、进退自如。

然而，在现实中，我们经常会看到这样一幕景象——很多人四处折腾、喊来喊去，生怕别人不知道他很聪明，他很忙，他在做事情……结果到头来，没见他做成一件大事，还是慷慨激昂、忙忙碌碌却一无所有的老样子。岁月一天天地流逝，别人都变得越来越富有，他依旧朋友很少、收入很低，一大堆的理想等着实现。即使这样，他还在到处宣扬自己的某个计划，恨不得让全世界都听见。

在这个世界上，拼命穷忙而不得要领的人比比皆是。很多人之所以碌碌无为，因为他活了一辈子都没有弄清楚该怎样去做人做事。一个人不管有多聪慧、多能干，背景条件有多好，如果不理解如何做人做事，那么最终的结局也是失败。他并不缺少才华，更不缺少勤奋，但每天的工作仍然毫无效果——因为不懂做人做事的基本方法，付出很多却得到很少。

而那些在转眼间就能飞黄腾达的人，总能以最少的投入获取最大的成功——因为他们掌握了四两拨千斤改变命运的神奇手段。

所以，迈向成功的第一步，不是急着释放自己的能量，而是以屈为伸，默默积蓄能量，隐藏自己的才华。我们当然需要表现自己的聪明才华，但在表现之前最好把它包装一下，做到进退自如，给自己留有余地。切记，收回来的拳头才能打人，伸出去的拳头只能被人打！

不要做功高盖主被诛杀的那个人

原文

爵位不宜太盛，太盛则危；能事不宜尽毕，尽毕则衰；行谊不宜过高，过高则谤兴而毁来。

译文

一个人的爵禄官位不可以太高，如果太高就会让自己陷入危险状态；才能本事不可以一下子全部发挥出来，如果全部发挥展现就会陷入衰落；一个人的行为品德不可标榜太高，如果太高就会遭到无缘的毁谤和中伤。

读过《二十四史》的人，无不生出感慨："开国皇帝打天下成功之后，都免不了要杀戮功臣！"这似乎已成了一条铁律。即使英明如汉高祖刘邦、唐太宗李世民、明太祖朱元璋等，均无一例外。这一铁律是如此残酷和血腥，令无数功臣名将们稀里糊涂就掉了脑袋。

这一铁律背后究竟隐藏着什么秘密？曾经无比英明的君主为何突然变得如此糊涂，如此残忍绝情、忘恩负义？

一言以蔽之，功高盖主是也！正所谓："树大招风，官大担险。"因为你的能力太强、势力太大，而且又不懂得收敛和低调，于是就成了老板或上级眼中的刺，弄不好会刺得他满手是血。一旦事情到了这一地步，哪怕原来是光屁股一起混的伙伴，关系离破裂也不远了。历史上许多开国大臣，都是因功高盖主而又不知进退最后丢掉性命的。

韩信是秦末汉初的军事奇才，年轻时忍受胯下之辱，终于得到机会，辅助刘邦击败项羽，建立了大汉帝国。但权势通天、位极人臣的他，却失去了年轻时的睿智与警醒。他明知自己功高盖主，已是刘邦的眼中钉、肉中刺，对刘邦的统治造成了巨大威胁，但仍然不懂得急流勇退，甚至连低调一点的态度都没有。

不仅于此，韩信还幻想着刘邦把山东等地分封给他，建立一个世代存续的国中之国，永远不向朝廷纳税。到最后，甚至有了将刘家江山取而代之的想法。结果可想而知，在刘邦老婆吕后的授意、丞相萧何的精心谋划下，韩信被骗入京城，以迅雷不及掩耳之势被诛杀。

你看，凡事做得太过，力量用到极点，风头盖过上司，就没有回旋的余地，就无法保护自己。越是有才华有能力的人越会招来上司的猜忌，担心这些人垂涎自己的位置，自然要先动手除去他们了。所以很多人总是只能共患难，不能共享福。

朱元璋为太子摘刺的故事,又是一个血淋淋的例子。为了让太子朱标接位,能够镇服满朝大臣,朱元璋采取各个击破的办法,逐一将过去一起打天下的丞相胡惟庸、大将军蓝玉等人以各种罪名满门抄斩,剪除了对太子的威胁。看到朱元璋如此残忍地杀人,性情仁厚的太子前去劝阻。朱元璋一句话都没说,只是扔到地上一根带刺的木棒:"把它捡起来!"太子一摸,顿时刺得满手鲜血,赶紧扔掉了。这时朱元璋拿起木棒,用剑将上面的利刺全部削掉,然后交到太子手中,冷笑道:"这些刺,如果我不替你除去,你拿得了吗?"在朱元璋眼中,功高盖主的开国大臣们就像这些扎手的刺,严重威胁了皇权未来的统治。

政治家功高盖主、得意忘形会掉脑袋,而作为普通人的我们,如果思考不够审慎,在现实中也会乐极生悲。掉脑袋不会,摔跟头倒大霉却是一定的。网络上有位功高盖主的中层经理这样写道:"现在我遇到了许多像朱元璋这样的人,他们攻击并且诬陷我,我被整得好惨、无奈至极。我庆幸没有出生在封建社会,出生在了法治社会,否则我肯定会被那些小人杀了。"

在现实中,如果你有翘尾巴的嫌疑,就一定要注意以下几点了。

第一,态度上要端正。你要认清形势,无论你的上司多么无能,他就是上司,你就是下属,你不能改变就必须面对。

第二,行动上要低调。将心比心,你也不希望下属的锋芒盖过你吧?所以,不论在公共场合或者私底下,你都要给足上司面子。比如写报告,做好后可以给上司审阅,让他做些无伤大雅的修改;有上司在的话,别人表扬你的工作不要忘了附带一句——多亏了领导的支持。在大家讨论工作问题时,不要和上司发生激烈的争执,有话可以私底下好好说。

第三，千万不要越级汇报和邀功。这在很多公司都是非常忌讳的。销售员王凯在经理肖金指导下，出了一个20万的单，该业绩理所当然算作两个人的。但王凯觉得所有工作都是自己做的，肖金只是在旁边指点一二，根本就没参与，凭什么把自己的劳动成果占为己有？于是，在愤愤不平之下，王凯给老总发了一封电子邮件说明情况，证明这个单100%是自己做的，跟肖金没关系。老总信了他的话，追加了提成。尽管他的提成增加了，但还是在经理肖金手下干活，从此他的噩梦开始了，肖金动不动就给小鞋穿，最后他不得不辞职了事。

我曾听人说过这样一句话："亲戚朋友之间大多只能同患难，不能共享福。老板和员工之间只能同享福，不能共患难。"创业为什么难？就是因为缺少能一起冲锋陷阵的人，大多员工都期望坐享其成。但也有少数员工忠心耿耿陪老板一起创业，不怕吃苦受累，终于把公司做大做强。这个时候，面对老板的春风得意，功勋员工的心理就开始不平衡了。对于功勋员工的心理变化，老板们当然能察觉到。一般来说，功勋员工的下场无外乎以下几种：担任没有实权、无所事事的闲职；自己创业另立山头；架空老板取而代之；被老板清理出局。从现实经验来看，欢乐结局较少，以悲剧而告终者比比皆是。

那么，我们该如何打破这一人性魔咒呢？张良的师傅黄石公，相传著有《素书》（又称《黄石公兵法》），其中有一项"推恩施惠"的主张，很值得现代人参考。所谓"推恩施惠"，即有功劳的时候，要懂得将功劳推给上司；有利益的时候，要懂得将实惠分给下属。

如果你能做到"推恩施惠"这四字真言，不仅可避免功高盖主的定时炸弹，而且能够让自己在团体中成为一名卓越的领军人物，因为你抓住了为人处世中最核心的要点。可以说，这四字真言是千百年来秘而不宣的玄机。有很多聪明人,就是因为不明白这一点,最后稀里糊涂地掉了脑袋。也有很多看起来很傻的人,因为明白了这一点,从而在人世间如鱼得水、左右逢源,最终成就自己的事业和一世的美名。

第二章

风光时的朋友是铁，落难时的朋友是钻石

每个人都喜欢攀龙附凤，即使是世界上你最爱或最爱你的人，也不例外！春风得意时，人人都想跟你交朋友。落难时，昔日好友呼啦啦跑掉大半，一下子就跟你划开了界限！

攀龙附凤是人的天性

原文

饥则附,饱则扬;燠则趋,寒则弃。人情通患也。

译文

饥饿穷困时攀附投靠别人,吃饱了就远走高飞;看到别人富贵有钱、炙手可热就趋前巴结,看到别人寒凉败落就会无情地鄙弃。这是一般人都有的通病啊!

有人说,穷人没有亲戚,“亲戚”这个词就是专用于富人的。还有一句话说得一针见血:“穷在闹市无人问,富在深山有远亲。”的确如此,当你春风得意之时,人人都想跟你交朋友,在众人眼中,你的缺点也很可爱。当你落难遇险之时,昔日的亲朋好友呼啦啦跑掉大半,一下子跟你彻底划开界限,即使优点也变得一文不值。这时你才发现,在风光时巴结你的,几乎全是唯利是图的小人。困难时留在你身边的,才真正拿你当朋友。

元末明初富商沈万三，原籍吴兴南浔（今浙江湖州）。小时候特别穷，连一件完整的衣服都穿不起，全身上下都是补丁，走起路来不是后面露屁股，就是鞋子前面露脚趾。街上讨饭卖唱的都不搭理他，在他面前都感觉特有尊严，用嘲笑的口吻叫他“光屁股”。

有一次，他实在饿极了，看见镇上一个店老板的儿子正坐在店门外吃甜糕，就笑呵呵地问：“兄弟，能不能给我吃两口，我实在饿坏了。将来我一定会加倍还给你！”店老板的儿子斜他一眼，说了一个字：“滚！”然后放狗咬他，追得沈万三满街跑，在人们的哄笑声中飞快地逃走。

后来，沈万三在外打拼，混出了名堂。他是闻名全国的大富豪，富可敌国，连皇帝都知道他的名字。他出资帮助朱元璋营建首都南京，而且出资建了明城墙正阳门、三山门、通济门和聚宝门等处。当年那些不理他的人，现在都想跟他攀上关系，他家宅子的大门都快被挤破了。人们不惜重金贿赂看大门的家丁，都希望能见他一面。

可沈万三是怎样做的呢？他在街上摆了上百桌酒席，宴请当年和自己一样贫苦的乡亲，让大家都来吃个饱。一贫如洗、没米下锅的人，吃完饭还能分到五斤粮食加二十文钱。这时众人都竖起大拇指，夸赞他是全天下最有魅力的好心人！

如果你成功了，一定有人巴结你、讨好你；但你可千万别失败，一旦失败大家一定会像避瘟疫一样避开你。每个人都喜欢接近成功的人、走运的人，而避开失败的人、倒霉的人。即使是世界上你最爱或最爱你的人，也无一例外。

这是世之通病、人之常情，符合人性趋利避害的特点。从古到今，人人都喜欢跟有钱人交往，不愿跟穷人做朋友，因为前者有便宜可占，后者没油水可捞。《菜根谭》中说：“炎凉之态，富贵更甚于贫贱；妒忌之心，骨肉尤狠于外人。此处若不当以冷肠，御以平气，鲜不日坐烦恼障中矣。”

人情的冷暖、世态的炎凉，富贵之家比贫苦人家更显得明显；嫉妒猜疑的心理，在至亲骨肉之间比外人表现得更为厉害。在这种情况下，如果不能用冷静的心态来看待，那就会天天处在烦恼的魔障中了。

从全新角度来看，其实嫌贫爱富的人性推动着社会发展。如果人人喜欢贫穷、崇尚落后，那么还有谁愿意从事体力劳动？还有谁愿意进行脑力创造？哪儿来得吃的、穿的、用的和住的？哪儿来得新生活？这样，社会就会停滞不前，甚至倒退！

穷人大都喜欢说"人穷志不穷"这句话。他们认为只有贫穷才能使人更虔诚，信仰只有在贫穷中才有最完美的表现，这种想法是错误的。害怕有钱就变坏，而不敢去挣钱，这是无能的表现。当你没钱时，可以骂金钱是粪土；当你急需用钱时，才发现自己是粪土。如果因为害怕老鼠，就说不能打老鼠，那是胆小、懦弱的表现。

在人类攀龙附凤的本性下，是否还有真正不掺杂任何功利的朋友存在？答案无疑是肯定的。时间能考验人与人之间的真情，正所谓"路遥知马力，日久见人心"。当你失去往日的财富权势，突然从高位跌到低处时，你们之间的友情还在不在？还真不真？是不是因为你对他没有任何利用价值，他就不理你了？这个时候，你就能准确地判断出谁是废铜烂铁，谁是你人生中真正的钻石。

对于人的本性，我们没什么可抱怨的。凡存在的都是合理的，更何况是这种千年不变的人性呢？在市场经济条件下，人和人之间的关系是服务与被服务的关系，不是好人与坏人的关系。我们不应为此愤慨和不平。在现实人生中，我们除了挑选真正的钻石级朋友外，更应该全心拼搏，奋力改变自己的命运。

人脉真相：资源多的人喜欢另一个资源多的人

原文

曲意而使人喜，不若直躬而使人忌；无善而致人誉，不若无恶而致人毁。

译文

委屈自己的心意千方百计讨好权势人物的欢喜，乞求他们的恩赐，不如保持正直，并积极提高自我能力，拓展自我资源，打造自我价值，让别人去嫉妒；没有值得称道的善行却让人赞颂，还不如没有恶行劣迹却遭受小人的毁谤。

小米家里很有钱，所以在幼儿园玩伴中，他的玩具是最多的。然而，大家一块玩的时候，他是最不开心的。我很好奇地问："你有那么多的玩具，为什么还不开心呢？"小米说："正因为我的玩具最多，所以常常有人抢我的来玩，可是他们却没有什么玩具给我玩。"我继续问道："在小伙伴中，你觉得谁是你真正的朋友呢？"小米回答："只有一个，他叫小云。""为什么跟他关系最好？""只有他从不抢我的玩具，每次都是跟我交换。"

从幼儿园开始，我们就开始有自己的一套选择朋友的原则了——都想跟比我们玩具多的人交往。换个说法，就是"攀龙附凤"。我们攀的是什么龙，附的又是什么凤呢？说白了，是那些资源多的人。

然而，那些资源多的人又是怎么想的呢？好了，现在让我们回到开头的小故事。一个玩具多的小孩，会把一个玩具数量跟他差不多并且经常跟他交换玩具的小孩当作真正的朋友。我们成人世界又何尝不是如此？资源多的人，更愿意跟资源同样多的人交朋友；而那些资源少、常常索取的人，常常会让我们心里不舒服——这就像幼儿园小米说"他们常来抢我的玩具"一样的道理，世界上又有谁喜欢自己被"抢"呢？

所以，当你开始扩展自己的人脉关系之前，请先冷静地问问自己——我对别人有利用价值吗？在别人眼中，我是给予者，还是索取者？这两种不同的定位，决定了你受欢迎的程度，你是人见人爱的天使，还是人人喊打的过街老鼠？

不管处于什么身份和阶层，每个人都渴望找到对自己来说有利用价值的朋友。可以说，你所拥有的资源越丰富，身上可供利用的地方越多，越能证明你有价值。而当你越有价值，就越容易建立自己强大的人脉关系网络——在某种程度上说，这就是人脉的真相。

曾经有人认为，保罗·艾伦是一位"一不留神成了亿万富翁"的人。其实，这是一种误解，真正的原因是因为他年轻时就与比尔·盖茨在一起，他们志趣相投，一起合伙干事业。当初他们将一家名为微软的计算机软件开发公司在波士顿注册，总经理为比尔·盖茨，副总经理为保罗·艾伦。他们最初的一个决定，奠定了微软发展的基础。

如今，微软公司已是世界上的一个巨无霸，比尔·盖茨已成为人所共知的世界首富。保罗·艾伦在比尔·盖茨的巨大光环下，虽然有些暗淡，但在《全球福布斯》富豪榜上也名列前100位，个人资产达200多亿美元。也许，在世人眼里，保罗·艾伦当初是被盖茨利用了，但如果没有这种利用，他未必能够像今天这样有钱。

“利用”这个词，听起来让人很不舒服，好像这个词过于世俗和功利了。关于这个词，我们需要脱离其表层意思来理解。比如我们在公司工作，其实便是一种利用关系。因为我们身上有可利用的价值，像知识、技术、聪明的头脑、灵活的双手等，于是就可以通过出卖自身的资源获得劳动报酬。这是一种交换关系，也是一种利用关系。这种交换也是一种公平交换，你具备的资源越多，所获得的回报也就越高。

在一次财富论坛上，我曾经提出一个六度人脉理论，我告诉他们说：“请大家写下和你相处时间最多的6个人，也是与你关系最亲密的6个朋友，然后记下他们每个人的月收入，从他们的收入我就知道你的收入。为什么？因为你的收入就是这6个人月收入的平均数！”

刚开始，大家都觉得我这是在胡言乱语。他们心想，这怎么可能呢？但最终经过测验，基本应验了这一“真理”。这实在让人觉得不可思议。由此可见，一个人所拥有的财富在很大程度上由跟他关系最为亲密的6个朋友决定。

为什么会这样呢？其中的道理很好理解。因为世人都偏爱公平交换，你拥有多少资源，必然会寻求同样资源的朋友进行交换。如果你的朋友资源都比较一般，那么你们之间互惠互利的资源也必然相当有限，经过几次互利交换之后，你们总体收入水平也就看起来相差无几了。这就是人际交往中的隐形法则——虽然我们看不见它，但却无时无刻不在发挥作用。

犹太经典《塔木德》中说：“和狼生活在一起，你只能学会嗥叫；而和那些优秀的人接触，你就会受到良好的影响，耳濡目染、潜移默化，渐渐也成为一名优秀的人。”这句话可谓人类社会的“金科玉律”，所以如果有可能，我们就要尽可能地与那些资源多的人、优秀的人交往，这样可以让我们学到更多东西。

然而，这只是一种一厢情愿的理想模式。社会上只有少数才是资源多的人，大部分都是资源一般的人。这个时候，资源多的人对那些蜂拥而来的“朋友们”就会有不同的对待态度。如果前来交往的人拥有同样多的资源，他会满心欢喜、引为知己。如果前来拜会的人资源太过一般，那么他就会不屑一顾，表现得十分不乐意。

这个道理很容易理解，并不是你主动跟优秀的人交往，别人就会接受你。假设你几乎认识世界上所有重要人物，比如比尔·盖茨、马云、张艺谋等，这个时候你的人脉够牛吧？但如果你这个时候的身份只是一个乞丐，你想会出现什么情况呢？这就是说，虽然你认识这么多一流人物，但他们根本不睬你！你每天过的仍旧是穷困潦倒的三流生活！

这就是现实的残酷之处——没有任何一个总经理级别的人，会热情地和一个乞丐称兄道弟。如果有的话，这个人也一定是思维有些另类的怪人！换句话说，你认识优秀的成功牛人容易，但要利用到人家手里的资源可就难了！一个资源多的人喜欢与另一个资源数量、质量对等的人进行交换。唯有在这种情况下，公平交易才能实现。如果我们的资源不够多、不够好，充其量也就是一个“索取方”，完全成为对方的负担。如果你想与那些资源多的人交往，并且希望跟他们之间的友谊稳定持久，那么请先丰富你的资源。当你拥有的资源与他们大致对等时，他们就会非常乐意跟你打交道。

请牢牢记住这一点吧！别总是妄想一个资源多的人无偿为你服务，只有当你的资源与之相当，他才会真正把你当做朋友！

看穿君子和小人:宁得罪十个君子,不得罪一个小人

原文

休与小人仇雠,小人自有对头;休向君子谄媚,君子原无私惠。

译文

不要跟行为恶劣的小人结仇,因为小人自然有人和他为敌;不要对有品德修养的君子以不正当手段献殷勤,因为君子为人处世不会为了私情而给人特别恩惠。

在这个世界上,庸碌小人并没什么真才实学,却凭着能把咸鱼说得游水、让死人开口说话的本领,从而博得春风得意、前途无量。自古以来,会做事的不如会做人的,四处碰壁、历尽坎坷的必定是不懂人情世故的君子,飞黄腾达的则多是左右逢源的人情老手。

这是一个鱼龙混杂的社会,什么人都有,君子、小人、真小人、伪君子混在一起,让我们难辨真假。记得在我参加工作以后,父亲经常在电话里告诫我不要得罪小人。明枪易躲,暗箭难防。只有不得罪小人,不让小人抓住把柄,才不会在阴沟里翻船。关于小人,古人传下来一句话,以告诫后人——宁得罪君子,不得罪小人。后人在这句话上添油加

醋，又成了另一句话——宁得罪十个君子，不得罪一个小人。可见，无论是古人还是今人，都吃过小人太多的苦头，所以才会异口同声说得如此痛切。

为什么说“宁得罪十个君子，不得罪一个小人”呢？这是因为君子习惯反省自己，宽宏大度，不和你计较；小人却会长久忌恨你，绝不会饶了你。君子一言不合拍案而起，小人却善于背后报复。得罪了君子，我们还知道因何得罪，如何补救。如果得罪了小人，则会让我们如坠五里云雾，哪天遭害了也想不起是谁害的。有时候，得罪了一个君子，反倒结识了一位朋友，君子只认理、不记仇，事情过了以后便云淡风轻。而得罪了一个小人，便多了一个敌人，从此你将一刻也不得安宁。

与君子相遇，足够幸运。君子谦恭、忍让，通常对你的所作所为一笑置之，甚至会给你真诚的意见和建议。如果与小人相撞，就非常不幸了。他们造谣生事，挑拨离间，有仇必报，拍马奉承，落井下石，往往带着伪善的面具。他们是善于制造陷阱的工厂，在一举手一投足之间，就能让你寝食难安。

然而，我们最需警惕的，倒还不是真小人，而是伪君子。为什么这么说呢？《菜根谭》中说：“君子而诈善，无异小人之肆恶；君子而改节，不及小人之自新。”意思是说，一个伪装心地善良的正人君子，和无恶不作的小人并没什么区别；一个正人君子如果改变自己的操守和名节，他的品德还不如一个毅然痛改前非而重新做人的小人。这个世界上处处可见伪君子，伪君子往往隐藏最深，他们要么沉默寡言，以胸有城府的形象出现，要么就是假装热情真诚，好像跟你是世界上最好的朋友，为了你可以两肋插刀、万死不辞。殊不知，这正是最欺骗你的地方。我们一定要保持警惕，千万别被人卖了还帮着数钱。

在金庸小说《笑傲江湖》中，伪君子岳不群的形象一定让你印象深刻。岳不群行走江湖 20 多年,处处行为周正、为人坦荡,博得了“君子剑”的美誉。但是随着剧情的发展,他伪君子的一面逐渐暴露出来:打着救人危难的旗号,将林平之收归门徒,默认甚至促成女儿与林平之的婚姻,目的却是为了得到《辟邪剑谱》(又名《葵花宝典》),最后竟置女儿的终身幸福于不顾,将林平之置于死地;对结发之妻巧言令色、百般蒙骗,可谓费尽心机。到后来,岳不群“君子剑”的形象轰然坍塌,彻底露出伪君子的嘴脸。

像岳不群这样的虚伪之人,时时装出一副正人君子的模样,其实真实的内心和外在表现有着巨大的反差。某种程度上讲,伪君子比真小人更高一级。真小人是低级的无赖,伪君子则是高级的小人!跟这样的人打交道,远不如跟那些痛改前非的“真小人”做朋友。

刘志浩是一家公司的策划总监。有一次,他在上司那里受了莫名其妙的批评,心里觉得冤屈,就跟自己的同事黄春明倒起了苦水。黄春明善解人意,一边对他表示理解,一边痛陈这位上司的斑斑劣迹,说得志浩心里暖洋洋的,于是两人热乎得就像一对亲兄弟。

几天后,刘志浩刚进公司就被上司叫去,宣布免去他策划总监的职务,改由黄春明担任。刘志浩实在接受不了这样的决定,就懊恼地离职了!后来才知道,原来黄春明在背后偷偷告了他一状,把他们那天的谈话添油加醋告诉了上司。这位上司又恰巧喜欢偏听偏信,于是就决定让黄春明取代他在公司的位置。

黄春明是一个标准的伪君子,表面上跟人打得火热,好像可以“抛头颅洒热血”,但突然就会背后一刀,让你死得非常难看。这说明伪君子比真小人更可怕。真小人容易分辨,他们或不讲道理,或刁钻泼辣、蛮横粗暴，赤裸裸的卑鄙无耻，让我们未见其人，先闻其味，有足够的时间事先提防。伪君子就不同了，挂着正派的面具，说话做事挺有“道理”，让你难辨真假，极容易上当受骗。

所以，我们在交朋友的时候，以下这几种人需要提高警惕，对其千万不可掉以轻心。

一、阴险的人

阴险的人没有明显的标志，短时间内不容易辨别，但随着时间的推移，终究会露出蛛丝马迹。阴险之人的表现大体有以下几个特点：

喜欢造谣生事。他们把造谣生事当成家常便饭一样，乐此不疲。为了达到自己的目的，不惜诽谤别人，诋毁别人的名誉。

喜欢挑拨离间。他们为了达到谋取个人利益的目的，通常会使用离间法挑拨朋友之间的感情，好从中坐收渔利。

擅长拍马奉承。这种人嘴甜如蜜，善于恭维别人，拍马屁，无中生有说别人的坏话。

具有势利眼病。他们对有权有势的人关怀备至，一旦发现自己所依附的靠山调离或出现问题，就会落井下石，迅速抛弃对方，另寻高枝。

二、吹牛的人

社会上有不少虚荣心强的人喜欢吹牛，妄图通过吹牛抬高自己。吹牛的人是虚伪的，因为吹牛等同于谎言，而谎言很容易被人戳破。如今的社会，弄虚作假是长久不了的，最终还是需要真本领。

面对吹牛的人，你如果不得不和他打交道，那就赞同他，并且表示对他的欣赏。比如在他的朋友面前称赞他，可以当着他的面说，也可以当他不在时说。或者少说话，就静静听，适时地点头应声。如果并不是非要和他交往，那么就尽量少接触吧！

三、嫉妒心强的人

在生活中,那些对别人的荣耀和成功过于在乎的人,都可能会产生嫉妒心理。在这种心理驱使下,犯下滔天大罪都有可能。忠告那些嫉妒心强的人——“临渊羡鱼,不如退而结网”,只有摆正心态,勇于奋斗,你才能拥有属于自己的荣誉和成功!

四、不孝的人

俗语说:“百善孝为先。”如果一个人连自己的父母都不爱,那他对待朋友的态度也一定不会好到哪去。尽管现代社会人们生活压力越来越大,市场意识越来越强,但是父母亲情总不能用金钱来衡量吧。

面对那些不孝而不知耻的人,我们要牢记“不孝父母,不堪为友”这句话。因为连自己父母都不孝顺的人,你别指望他会对你付出真情,即使目前对你不错,那也是因为有他想要的利益所在,迟早有一天,他的行为会让你痛悔今日之交!

不要瞧不起看似很俗的人，他们或许才是最不俗的人

原文

醲肥辛甘非真味，真味只是淡；神奇卓异非至人，至人只是常。

译文

美酒佳肴和大鱼大肉并非真正的美味，真正的美味只是粗茶淡饭；标新立异、超凡脱俗的人，算不上世间真正的聪明人，真正的聪明人，可能就是那些看起来很俗的人。

我曾看到这样一句话："永远不要瞧不起那些现在看起来很俗的人，若干年后他们或许就是最不俗的人！"也许，现在的你处于一个优越的位置，很多人都不如你，在你眼中，他们是那样俗不可耐、平庸之极！但请你收敛起清高孤傲的心，因为若干年后，你或许会发现一切都改变了，那些看起来很"俗"的人个个都成了了不起的人物，而自己则很可能仍在原地踏步。当年你爱理不理，如今你高攀不起。这绝对是心理上的一种强烈刺激。

在古代，那些隐居山林的智者大多都具有经天纬地之才，并且大都有怪癖，其中之一就是清高孤傲、曲高和寡，只和自己相知的人来往，对

其他人更是不屑一顾。《三国演义》中，刘备三顾茅庐才和有卧龙之称的诸葛亮见上一面，古人的清高孤傲在这里表现得淋漓尽致。另外，诗人陶渊明曾用菊花标榜自己的清高孤傲，并隐居田园，不与官宦同流合污。

不过到了现代，隐者的清高早被打击得七零八落了，因为在当今社会，想找几个有能力甚至在某方面是天才的人根本不费什么事。当大家都是能人的时候，就不要奢求自己还能清高孤傲起来。所以，如果你是一个才华横溢的人，就不要以自己那点微不足道的“本钱”清高自傲，充当超凡脱俗的隐士了，因为这可能正是你失败的关键。

从小学到大学，陈佳一直都是“别人家的孩子”，是人人羡慕的对象。他不仅相貌长得英俊，而且成绩优秀，甚至在文艺、体育上也能捧回几个大奖。

毕业后，陈佳应聘到一家跨国企业做总经理助理。第一天上班，陈佳发现助理并不只有他一个人，还有另外一个。从总经理介绍来看，这个人绝不逊色于自己。虽然有两个助理，但并不意味着陈佳的工作就会轻松。带着竞争的“压力”，陈佳开始了职场生涯。

一次会议结束后，总经理对两个助理说：“最近和外商有一个谈判，你们之中有个人要和我一起去，但是我现在还不能决定谁可以胜任，所以现在进行一个小型的资格考核。题目是，在一周内了解这几个人的性格和家庭情况。我会把你们安排在两个不同的部门之中，前提是你们不能泄密自己是总经理助理，并且不能向你已经了解的人打听。”

很快，陈佳被安排到市场部，而那个人被安排到财政部。一向自信的陈佳被这个题目难倒了。因为他始终找不到一个叫林云的人，更无法去了解他了。一周的考核时间很快结束了。总经理看完两个人的调查结果，吃惊地问陈佳：“你怎么没有找到林云？”陈佳一时无语。总经理说：

“他就是我们公司门口的保安啊！你几乎每天都能看见他的。这次考核的主要目的是考查你们的交际能力和信息搜集能力，所以你落选了。”闻听此言，陈佳十分懊恼。

为什么陈佳没有找到这个叫林云的人？因为他根本没有料到一个公司的保安竟然和许多公司经理级人士一起排列在名单之上。而没有想到的根本原因，是陈佳骨子里存在那点不合时宜的“清高孤傲”。于是，陈佳开始审视自己的性格。他打电话问朋友：“我到底是什么样的人？”得到的结果几乎一致：“有点清高。”这时，陈佳才意识到问题的严重性，接下来他开始尝试着让自己“俗”起来。之后，他发现原来自己的眼界是多么狭隘！

我们不是仙佛，每个人都是肉体凡胎，没有谁比谁高雅多少，每个人都是俗人。生活在滚滚红尘之中，即使是神仙下凡也要吃喝拉撒，同样无法躲开世俗的追击！说到底，我们都是常人，即使身居高位，即使拥有万贯家财，即使声名远扬，即使众人仰慕……我们都应该始终牢记，自己本来就是一个世俗之人，没什么了不起。

世界上几乎所有具备完美人格和高尚品德的人，都是在不动声色中实现着自己的理想。一代思想大师孟子，拥有无穷的智慧。尽管如此，他仍是平凡依旧，看起来跟一个老农没什么区别。一次，齐国的一个人与孟子相遇，问孟子说：“大王总打发人去探视先生，想必您一定有什么与别人不同的地方吧？想不到也很普通嘛。”孟子回答说：“我能有什么与别人不同的地方呢？即使尧舜禹也同一般人一样啊！”

每个人都是大同小异，我们没必要把自己搞得过于鹤立鸡群、清高孤傲，这样做的后果只有被世人孤立，从而无人与你交朋友，真正变成孤家寡人。那么，我们应该怎么做呢？真正的做法是“和光同尘”，既和世俗打成一片，又要做到不被世俗淹没，不随波逐流。

关于这一点,《菜根谭》中说:“处世不宜与俗同,亦不宜与俗异,作事不宜令人厌,亦不宜令人喜。”意思就是,人生在世的一切言行,既不能跟一般人同流合污作坏事,也不要自命清高、标新立异,故意与众不同;尤其是做事时既不可处处惹人讨厌,也不可以凡事都曲意奉承博取他人的欢心。从外在看上去,我们要让自己表现得与一个常人无异,哪怕身怀绝技以及兴趣爱好都很突出,也要做出一副混混沌沌的俗人模样,正所谓“和气浮于面,锐气藏于胸”。如果你能达到这种境界,就真正称得上悟透世间三昧的聪明人。

从今天开始,千万不要因自己的那点优点而对人“另眼相待”,否则你将沦为孤家寡人,被排斥在众人之外。长此以往,你的朋友必定很少,社交也会出现沟通障碍,你所经营的各项事业自然随之进展缓慢。因此,我们一定要清醒地认识到——我跟人一样,人跟我一样,圣人和我并没什么不同。一个人只有在平凡中保持纯真本性,才能显出英雄本色。

记住别人的好，忘记别人的坏

原文

我有功于人不可念，而过则不可不念；人有恩于我不可忘，而怨则不可不忘。

译文

我们给别人的恩惠和帮助，不要挂在嘴上念念不忘。而自己对不起别人的地方，一定要牢记在心、时时反省。别人对我们的恩惠和帮助，千万不可忘记；而别人对不起我们的事情，则不可不忘，对此要有一颗体谅之心。

有一个小男孩，由于意外，5 岁那年失去父母，从此沦为孤儿。

他先后被三户人家收养，最终又被三户人家抛弃。

第一户人家收养了他三年。他那年 5 岁，到 8 岁时，这户人家因有了自己的儿子，就不再愿意养他，于是把他送给别人。当时他不肯走，被养父母打得浑身是伤。实在忍不过了，痛不过了，才断了回去的念头。

接下来，第二户人家收养了他，一直到他 13 岁，共 5 年的时光。13 岁那年，是他痛苦的日子，因为养父母又收养了亲戚家的儿子，他们认为毕竟有血缘关系，好过他这个外人。他哭喊着叫爸爸妈妈，哀求着不肯离开。最终，他还是无情地被赶走，流浪在大街小巷。

后来,他到了第三户人家。这是一户生活艰难的人家,他们只养了他一年,就将他赶出家门,理由竟然是没有多余的钱供他上学。

这个时候,他已经没有了眼泪,也不再哀求,因为习惯了抛弃。如何生存?这是一个问题。他学会了在垃圾桶里掏剩饭,卖花给情侣,帮人擦皮鞋,帮人提行李,为商店派发广告单等。晚上困了,他就睡在商店门口,清早被商店老板踢醒后继续谋生。

在外流浪6年后,他加入一个建筑队。从最底层的泥水工做起,他不仅工作踏实认真,而且将所赚工资花在培训课程上,还报考夜校,获得了自考文凭。22岁那年,他进入一家不错的集团公司做业务。靠着努力,他的业绩是最棒的,顺理成章被提拔为经理。再后来,他创业开了自己的公司,有了钱、车、房、美貌的妻和可爱的一对儿女。

可以说,他什么都不缺了,人生也没有什么遗憾了。但是不,他感觉内心深处最缺的是父母的亲情。这个时候,身为上层社会的他,专门购置一套别墅,将曾经的三对养父母都接到城里与他同住。他谦恭地喊他们爸爸妈妈,任何好吃、好玩的都给他们享用。

曾经与他一起流浪过的朋友,如今是他的助理。助理说:"你这样做,真是疯了!想想他们当年是怎么对待你的,你竟然还为他们养老送终?!曾经打骂你、虐待你、狠心抛弃你的事情,难道你都忘光了吗?"

他说:"是的,我都忘光了。我的苦难已经够多了,为什么还要记住这些苦难的事呢?我的心里只记得,当年如果没有他们给我一口饭吃,给我睡觉的地方,我早就被饿死冻死了,哪里会活到今天,更谈不上混到今天这一地步了!"

一般来说,在如此环境长大的孩子,通常有两种人生走向:一种心理严重失衡,对世界和别人充满仇恨,长大后沦为罪犯,报复社会;另一种则由于看尽世态炎凉,以超强的心理素质化解人生苦难,并最终闯出自己的一片新天地。他们或许没有上过几天学,但在社会上早把人情世故这本无字天书读得滚瓜烂熟。他们在“社会大学”的学历早已是博士后级别！像这样的人，一旦出手亮剑，就意味着无往而不胜！就这样，他们从一无所有到腰缠万贯，从穷困潦倒到飞黄腾达。他们通过自己的努力与这个世界达成了和解，不仅懂得如何操纵人与人之间交往的复杂游戏，更懂得宽恕和感恩的深刻含义！在某种意义上说，第二种人不仅是名副其实的成功者，更是一位智者。

一个人的境界高低决定了其成就的高低。如果只记住别人的坏，而全部忘记别人的好，那么必定是一个心胸狭窄的人。这样的人锱铢必较、格局太小，做什么事情都放不开，最终必定一事无成。

记得我在上海工作期间，公司招过一名大学生帅哥，可谓相貌出众、一表人才。初次跟他见面的人，都觉得这人很不错。但是相处久了，才发现他是一个斤斤计较、心胸狭窄的人。在公司给同事帮了忙，哪怕只是举手之劳，也要把这个人情讨回来，非得找机会让同事帮他一次不可。谁要是不小心得罪了他，他就会长久地怀恨在心、伺机报复。有次在工作讨论会上，有位同事对他的方案提出反对意见，他便把对方视为仇敌，立即展开一场激烈的辩论。

他进入公司不到一年，上司就开始忍无可忍，借机把他调到西部城市的分公司。临走的时候，没有一个人去为他送行。到了这地步，他仍然没意识到问题出在哪里，还给每个同事都发了电子邮件，感慨自己怀才不遇，痛陈上司的“八宗罪”。

你是否也有过同样的心理？凡是别人得罪自己的地方，总想找机会报复，以取得心理平衡？凡是对方帮过自己的事，却转眼就忘了，好像从来没有这回事儿？像忘恩负义、过河拆桥、恩将仇报等成语，说的就是这些人。我们千万不要让自己变成这样的人！

阿里、吉伯和马沙一起旅行。三人行至一个山谷时，马沙失足滑落，幸而吉伯拼命拉他，才将他救起。马沙就在附近的大石头上刻下了："某年某月某日，吉伯救了马沙一命。"三人继续走了几天，来到一条河边，吉伯与马沙为了一件小事争吵起来，吉伯一气之下打了马沙一耳光，马沙就在沙滩上写下："某年某月某日，吉伯打了马沙一耳光。"

当旅游归来，阿里好奇地问马沙为什么要把吉伯救他的事刻在石头上，而将吉伯打他的事写在沙滩上？马沙回答："我永远都感激吉伯救我。至于他打我的事，随着沙滩上字迹的消失，我会忘得一干二净。"

著名诗人萨迪说："谁想在困厄中得到援助，就应在平日待人以宽。"记住别人对我们的恩惠，洗去我们对别人的怨恨，这样的人生才会快乐而有意义。我认识一位搞编剧的朋友，在一次喝酒时他说："我只记着别人对我的好处，忘记了别人对我的坏处。"因此这位朋友受到大家的欢迎，拥有很多至交。事实上就应该如此——别人给我们的帮助切不可忘，而别人有愧于我们的地方，应该乐于忘记。

乐于忘记其实是一种心理平衡的办法。要知道，生气是用别人的过错来惩罚自己。老是念念不忘别人的"坏处"，最受其害的就是自己的心灵，搞得自己痛苦不堪，何必呢？这种人，轻则自我折磨，重则可能导致疯狂的报复。乐于忘记是成大事者的一个特征，既往不咎的人，才可甩掉沉重的包袱，大踏步前进。乐于忘记，也可理解为"不念旧恶"。人要有点"不念旧恶"的精神，况且在许多情况下，人们误以为"恶"的未必就真的是"恶"。退一步说，即使是"恶"，对方心存歉意，诚惶诚恐，你不念恶，以礼相待，进而对他格外地亲近，也会使为"恶"者感念其诚，改"恶"从善。

在日常生活中，凡是别人帮过你的，一定不要忘记，要懂得报恩。而如果你帮助过别人，就不要奢求回报了。如果你刻意要求回报，你先前的这份情感投资就成了注水的猪肉！你最终不会得到任何好处。别人得罪了你，本是一件芝麻大的事，笑一笑就过去了，你却气愤难平，好像对方在故意刁难，就会把小火星烧成冲天大火。到那时，你的人际关系会糟糕得不可收拾，大家见了你就绕道，唯恐避之不及！等你遇见困难、摔了跟头，谁还会帮你？

水至清则无鱼，人至察则无徒

原文

地之秽者多生物，水之清者常无鱼；故君子当存含垢纳污之量，不可持好洁独行之操。

译文

污物之地往往滋生众多生物，极为清澈的水中反而没有鱼儿生长。所以真正有德行的君子应当有接纳世俗和容人度量，绝不能自命清高、孤芳自赏。

《汉书》中有句话说："水至清则无鱼，人至察则无徒。"意思就是说，河水太清澈了，鱼儿就没法生存；一个人太苛刻了，就很难交到朋友，没人敢跟他打交道。凡事都有利弊，从一方面来说，水清本来是个好事，因为混浊的水会让鱼窒息。但水太清了，就不是好事。这需要从食物链和生态学角度分析。大鱼需要吃小鱼，小鱼需要吃虾米，而虾米需要吃泥土以及藻类植物、浮游生物等。藻类植物和浮游生物的存在，导致水质不会太清。如果水太清了，就没有藻类植物和浮游生物生存，从而导致处于上级食物链的鱼没有食物可吃。

在这个世界上，很多事物都是混沌一团，其中的黑白曲直，谁能一眼辨清？谁能保证自己就代表真理？人与人之间总会存在各种各样的不同，对方的言行思维不可能跟你一模一样。毕竟，谁也不是谁肚子里的蛔虫。事物多样性的存在，让我们的世界更加丰富多彩。我们不能抱着自己的那套标准苛求他人，需要容忍一些不符合自己三观（世界观、人生观、价值观）的人和事。只有这样，我们才有大格局，才能拥抱大成功。

美国的乔布斯和沃兹尼亚克是苹果公司的最早创始人，同时还是“苹果Ⅱ”微电脑的开发者，他们的一个重要投资人是马克库拉。其实，最初光顾乔布斯和沃兹尼亚克两位年轻人的并不是马克库拉，而是一个名叫唐·瓦伦丁的人。

当唐·瓦伦丁来到乔布斯的家中，看见乔布斯穿着牛仔裤，散着鞋带，留着披肩长发，蓄着大胡子，不管怎样看都不像是靠谱企业家。于是，唐·瓦伦丁就把这两位奇怪的年轻人介绍给了另一位风险投资家马克库拉先生。

马克库拉原来是英特尔公司的市场部经理，对微电脑十分精通。他并没有被乔布斯和沃兹的样子“吓坏”，而是先考察了乔布斯和沃兹尼亚克的“苹果Ⅱ”样机。最后，马克库拉问起了“苹果Ⅱ”电脑的商业计划，而乔布斯和沃兹尼亚克只精通于技术，对商业买卖一窍不通，所以二人面对马克库拉的提问，一下子面面相觑，说不出话来。但马克库拉并没有因此失望，而是决定和这两位年轻人合作，并出任董事长。

唐·瓦伦丁，因为对乔布斯和沃兹尼亚克的外表形象过于求全责备，丧失了一个有可能是他一生中最重要的成功机会。马克库拉却与他相反，没有对乔布斯和沃兹尼亚克求全责备，而是与他们进行了深度的接触了解，所以他成功了，抓住了人生中最重要的机会。

我们总会遇到各种各样的人，有很多肯定和我们不是同路人，无论是志趣还是性格都与我们不合，甚至格格不入。但这些都不要紧，要紧的是他对我们的事业发展是不是有用。在这个时候，苛求完美不是一种正确态度。

三观不同，不必强融。不要委屈自己迎合别人，也不要强迫别人一定要跟自己相同，须知"方便有多门，根机有多种"；不必强求人人都顺从自己的意思，眼耳鼻舌各司其职，才能成为健全的有用之人。有了铁路，再建一条公路，甚至再加条高速公路，分工合作，才能发挥更高效的功能。有人说，我们每个人都是被上帝咬了一口的苹果，带有各种各样的残缺，都有这样那样不如意的地方。确实如此，我们必须接受人生不完美这个事实。如果过于完美，对人吹毛求疵，那么一定会严重影响你的人际关系，就会没有一个人敢跟你交朋友，你也将因此错过拥抱成功和幸福的机会。

有这样一个禅学故事，希望能对大家有所启发——

古代有位禅师，一日晚上在禅院里散步，突见墙角边有一张椅子，他一看便知有位出家人违犯寺规越墙出去溜达了。老禅师也不声张，走到墙边，移开椅子，就地而蹲。过了一会，果真有一小和尚翻墙，黑暗中踩着老禅师的背脊跳进了院子。

当他双脚着地时，才发觉刚才踏的不是椅子，而是自己的师父。小和尚顿时惊慌失措，张口结舌。但出乎小和尚意料的是，师父并没有厉声责备他，只是以平静的语调说："夜深天凉，快去多穿一件衣服。"

你的包容心有多大，你的成就会有多大。一个人的心能包容一个家庭，就能成为一家之主；能包容一个城市，就能成为一市之长；能包容一个国家，就能成为一国领袖。在现实世界中，几乎每个成功人士都有容人的雅量，从而交到各个层面的朋友。当他遇到麻烦时，到处都有人主动帮忙，从来不会陷入孤立无援的境地。

这就告诉我们：朋友的缺点，你要宽容；伴侣的缺陷，你要容忍；同事工作能力低下，你要有一颗激励之心。要知道，世间并无绝对的真理，没什么东西一定就是对，或者一定就是错。所谓的对错，只不过因为立场不同、角度不同，得出的观点也就有所区别罢了。我们眼中看到的缺点或不可理解的事情，站在对方的立场看，很可能就是理所当然的。朋友对你说了谎，应先思量他是不是有什么为难之处？或许就能体谅他了。若是不加思考就把丑话说出口，朋友想必是做不成了。对你，对他，都没好处。

芸芸众生，性格各异，你不可能喜欢每一个人，也无法让所有人喜欢。这个时候怎么办呢？《菜根谭》中说："持身不可太皎洁，一切污辱垢秽要茹纳得；与人不可太分明，一切善恶贤愚要容得。"意思就是，做人不能太清高，各种污辱垢秽都要有胸怀来容纳；与人相处也不可太分明，善恶贤愚之人都要能包容。在现实生活中，很多人对自己不喜欢的人嗤之以鼻或敬而远之，这种做法其实是过于偏颇的行为，势必对你的人际关系和事业发展造成不利的影响。由此可见，"众人皆醉我独醒"的想法要不得，真正的聪明人深谙"清浊并包，善恶兼容"的道理，这才是王者之道。

如果你想获得更多的朋友，就不要过于苛求完美，以下几点需要注意。

一、对朋友生活、工作中的习惯要给予尊重。每个人都有自己独特的思维方式、家庭背景，而在此基础上形成的习惯也不可能与你相同，所以，尊重别人的习惯应当是最起码的要求。

二、不念人恶。就是说不要对朋友过去的错误耿耿于怀。朋友之间的矛盾，总会随时间的流逝而消解，抓住过去的恩怨不放是不明智的。忘记以前的不愉快,以后还会是朋友。

三、不责人过。就是不要责难对方犯下的小错误。《菜根谭》中说:“攻人之恶毋太严,要思其堪受。”这句古语告诫我们,攻击别人的错误不可太严厉,一定要考虑对方的承受能力,否则虽然泄了一时之愤,但也破坏了人际关系。

严于律己,宽以待人

原文

人之过误宜恕,而在己则不可恕;己之困辱宜忍,而在人则不可忍。

译文

对于别人的过失和错误应该采取宽恕的态度,而如果错误在自己那么就不能宽恕;对于自己遇到的困境和屈辱应当尽量忍受,如果困境和屈辱在别人身上就不能袖手旁观,忍心不顾。

记得我上小学时候,教室墙上挂着这样一幅字——严于律己,宽以待人。当时每天见它那样挂着,并没想这句话的深意。在以后的成长中,我发现这幅字就像神奇的法宝,运用得当,总有意想不到的收获。许多成功人士,他们在日常生活中也大都恪守这一处世法则。

某位著名的IT经理,在总结自己的成功经验时说:“在我看来,人生其实很简单,归根结底就是八个字,‘严于律己,宽以待人’。如果能做到这一点,许多事情就能豁然开朗!”这位经理所说的,正是《菜根谭》所推崇的处世之道——待人要宽,律己要严。

待人为什么要宽?为的是给人一个改过自新的机会。律己为何要严?因为不严会放松自我约束,让小错误发展成大错误。这是一种规范的待人之道,也是为人处世最重要的原则。它的核心是强调自悟,对事物的标准,要有一个超然的体悟,对是非的判断,要有一个尽可能客观公正的把握。一个具备这种高贵品格的人,他的成功将是水到渠成的。

明王朝的建立,大将军徐达功不可没。儿时与朱元璋一起放牛,长大后一起打仗。有勇有谋,深得朱元璋的喜爱。但是,就是这样一位战功赫赫的人,却从不居功自傲,而是律己甚严。

在战场上,徐达处处跟士兵同甘共苦。遇到军粮不济,士兵填不饱肚子,他主动少饮少食,把口粮节省下来分给他们;大军还没扎好营寨的时候,他从不提前进帐休息,一定会等到大家都安顿好了,他才放下心来;士卒伤残有病,他亲自慰问,端药治疗;如遇士兵牺牲,他会更加重视,筹集棺木葬之。所以,明军将士对他无不既感激又尊敬。

在生活方面,他也无声色酒财之好。据《明史·徐达传》记载,朱元璋对他如此赞叹:“受命而出,成功而旋,不矜不伐,妇女无所爱,财宝无所取,中正无疵,昭明乎日月,大将军一人而已。”朱元璋曾赐给他一块好地,正处于农民的必经之地。家臣看到有这个好处,于是就用这块地谋取私利,向农民征收“过路费”。徐达知道后,马上将此地上缴官府。

朱元璋用严刑重刑,杀了包括功臣在内的十多万人,可是徐达却得善终。他病逝于南京之后，朱元璋为之辍朝，悲恸不已，追封他为中山王，并将他的画像陈列于功臣庙第一位，称之为“大明第一功臣”。能逃过朱元璋“诛杀功臣”的屠刀，不得不说，这跟徐达“严于律己，宽以待人”的处世之道是分不开的。

在现实中，我们往往又是怎样做的呢？如果你注意观察，就会发现许多人采取的方式恰好相反，他们把这句话颠倒了一下，变成了“严于待人，宽以律己”。对自己很宽松，什么都能做，做了坏事也从不感到羞愧，但对别人却要求极严，犯一点错误就看在眼里，记在心上，有一点小事对不起自己就喋喋不休。

很多人奉行这样的双重标准：“以圣人望人，以常人自待。”意思就是，用圣人的标准要求别人，却用常人的标准对待自己。像这样的人，他交不到几个朋友，做起事情来，也很难跟别人顺利合作。因为他不懂得“恕人”，只知道用最苛刻的标准要求别人，用最宽松的标准对待自己。这是一种严重自私自利的体现。为什么不想想，你有什么资格要求别人？又有什么资格如此放纵自我？

一个这样的人，往往不能客观看待问题。一旦境遇不顺，就会抱怨别人对他怎么不好，社会如何不公。受到一点委屈，就会大呼小叫。社会上有不少这样的人，他们总认为自己怀才不遇，觉得全世界都是敌人，全都对不起他。他们永远不知道问题出在哪里，眼睛总是盯在别人身上，从来不肯反思，到头来吃亏的，肯定还是他自己。长此以往，将没任何人喜欢他，即使是一个深爱他的人，也终将离他而去。

如果一个人能对自己严格要求，凡事身体力行，那就没有过不去的坎，攻不克的难关！正所谓，你有多自律，人生就有多美好。另一方面，当我们遇到别人陷入困境中，而自己又可以举手帮助的时候，切不可袖手旁观、做冷冰冰的无情路人。如果自己确实有能力，就尽量伸手扶一把；没能力帮，也尽可能分担他人精神上的痛苦。今天我们能感同身受，给予别人最大的支持，明天当我们落难时，他人就会慷慨解囊，以同样的真情回报我们。

为人处世的要点就在这里——以责人之心责己，就会减少很多过失；以恕己之心恕人，就可以维护良好的人际关系。我们不应该总是抱怨别人，如果你总是抱怨别人，就请先想想自己又是怎么做的？不要只看见别人眼中的刺，而看不见自己眼中的横木！请将心比心，对别人多点理解与宽容之心！

第三章

世界上到处都是“聪明”的傻子

一个美丽的女人炫耀自己的美丽时，就开始变得丑陋了；一个聪明人炫耀自己的聪明时，就开始变得愚蠢了。看看孔雀开屏就会明白——孔雀在开屏时，虽然绽放光彩绚烂的羽毛，但同时也露出了最丑陋难看的屁股。

你是真聪明，还是假聪明

原文

涉世浅，点染亦浅；历事深，机械亦深。故君子与其练达，不若朴鲁；与其曲谨，不若疏狂。

译文

刚踏入社会时，阅历较浅，沾染不良习惯的机会就比较少；经历的事儿多了，城府就会越来越深。其实，我们与其过于圆滑，还不如对生活保留朴实的态度；与其事事委曲求全、过于拘谨，倒不如豁达直爽地去做事，依据自我的本性去待人接物！

世界上，到处可见自以为是的聪明人。他们无时无刻不在闪动着炯炯有神的眼睛，无时无刻不在精明地算计着什么。在他们面前，有时候你会感到自己为什么这样笨？最终你会有个疑问——这些貌似聪明的人难道真的很聪明吗？而那些貌似很笨的人是否真的很笨？

真聪明和假聪明混杂在一起，让人不知道究竟谁是聪明人谁是傻瓜。

但是没关系，一切都可以用事实来证明。你只需要看看最终的结果就明白了：看似很聪明的人每天四处折腾，到最后仍然是一无所获，而那些看似很笨的人不动声色却拥有了一切，人生中的权势、地位都是水到渠成。他们绝对拥有自己的独门手段，但他们又深藏不露，从表面上你看不出丝毫蛛丝马迹。他们仿佛是笨蛋，但事实证明，他们才是真正聪明的人。

不怕不聪明，就怕太聪明。一个人聪明一过头便会陷入盲目，便会目中无人，便不知天高地厚，这个时候看似很聪明的人其实就已经等于半个傻子了！这只不过比笨蛋多了一分胆量，比傻瓜多了一分虚伪，比白痴多了一些花样。其实，这种“聪明”并不比笨蛋、傻瓜、白痴强到哪里去，而是更可怜、更可厌、更可悲。他们的这种心计是一望而知的，他们成了众人口中的小人，但事实上，他们虽然落了个小人的骂名，最终并没有得到什么实惠，依然穷困潦倒地狼狈着。

《菜根谭》中有句话说：“聪明人宜敛藏，而反炫耀，是聪明而愚懵其病矣，如何不败?”意思就是，聪明有才华的人应该敛藏自己的才智，如果到处炫耀张扬，那么他的言行就跟愚蠢无知的人没有什么区别，他的事业哪有不失败的道理？这是那些自以为是的聪明人一定要牢记的座右铭。

在这个世界上，处处可见小聪明者的身影，大智慧者却寥寥无几。小聪明以自我为中心看问题，认为别人都是笨蛋，唯有我最聪明。这种聪明是表面上的，就像漂在水面的一层油，看似光彩亮丽，其实并没有深入水的内部去。但真正的聪明是什么呢？是一种大智大勇的谋略和远见——不动声色，大智若愚，运筹帷幄，有种水滴石穿的坚韧，有种任你千变万化，我早已将你看穿的沉稳。这就像一个貌似没啥了不起的风险投资人，到投资项目的关键时刻，一投就是几个亿，而且出手必中。

如果说大智慧是深刻，那么小聪明则是肤浅；如果说大智慧是战略，那么小聪明则是战术；如果说大智慧看到的是西瓜，那么小聪明看到的则是芝麻。这是两种完全不同的格局，一个是一飞几万里，一个则是跳跃几十步;一个是说句话就掀起暴风骤雨,一个则是整天叽叽喳喳讨人嫌。

真正聪明的人都懂掌握“度”,太聪明了反倒不如不聪明。《呻吟语》中说了一段十分精辟的话:“精明也要十分,只需藏在浑厚里作用,古今得祸,精明人十居其九,未有浑厚而得祸者。今之人唯恐精明不至,乃所以为愚也。”译成今天的话就是,精明还是非常需要的,但要在浑厚中悄悄地运用。古往今来得祸的人绝大多数都是精明的人,没有因浑厚而得祸的。现在的人唯恐不能精明到极点,这正是愚蠢的原因啊!

真正聪明的人从不炫耀才华,只有蠢材经常卖弄学问

原文

君子之心事,天青日白,不可使人不知;君子之才华,玉韫珠藏,不可使人易知。

译文

君子的内心像青天白日一般明朗,光明正大,没有一点不能告人的事。但他的才华却应该像珠玉一样藏起来,不可轻易向世人炫耀。

世间往往有这样一种奇怪的现象——越是有本事的人,往往越低调,看上去就像什么都不会一样。而那些经常显摆自己无所不能的人,到了关键时刻就腿软,其实什么都做不好。

《道德经》中说的“大智若愚，大巧若拙”，听起来好像是让人装笨装糊涂，其实不然，其中有着很深刻的为人处世的道理——隐藏自己的聪明，不做挨打的出头鸟。炫耀自己的人，从来都是优点打折，而缺点却暴露无遗。这个道理看看孔雀开屏就全明白了——孔雀在开屏的时候，在炫耀自己绚烂羽毛的时候，往往也露出了最丑陋的屁股。如果你炫耀自己的聪明，你最愚蠢的一面就呈现在众人面前了。

有一个师父去非洲旅行，他和门徒们来到一家客店过夜。客店的老板前来请教问题，他说自己有两个妻子，一个很美，另一个很丑。

“不过，问题是，我爱那个丑的，而讨厌那个美的。”老板说。

师父问：“怎么回事？”

“那个美的太炫耀她的美了，这使她变得很丑，而另一个意识到自己很丑，变得十分低调、谦虚，这使她变得很美。”

那个美的一直在想自己是美的——她变得骄傲了。当人骄傲的时候，怎么可能美丽呢？她变得十分自我，自我是不可能让一个人变成美丽的天鹅。另一个丑的，当她意识自己是丑的，她变得谦逊了，而谦逊有它自己的美。

所以那个老板说：“我很困惑，我爱那个丑的，而我恨那个美的，请你解决我的困惑。”

师父叫来所有的门徒说：“不要骄傲你是聪明的，否则你就是无知的。如果你认为你是无知的，你就是聪明的。”

几年以后，这个师父再次访问这家客店，老板对他说：“令人困惑的事情又发生了！上次你来我这里，我向你提过这个问题，你把它解决了。但是，从此以后，一切都改变了。那个丑的变得以她的谦逊为骄傲，变得自以为是，现在我不爱她了。不仅她的身体是丑的，现在她的本质都变丑了。而那个美的，她知道对美丽的骄傲破坏了自己的美丽，惭愧不已，变得谦虚了。现在我开始爱她，不仅她的身体是美丽的，她的本质也变得很美丽了。请你告诉我，这到底是怎么回事?”

师父说:“请让我保持沉默，如果我说了什么，那么这个故事又会发生一次转变。所以，保持沉默!”

世情就是这样奇妙，当一个美丽的女人炫耀自己的美丽时，她就开始变得丑陋！当一个聪明人炫耀自己的聪明时，他就开始变得愚蠢。我们可以继续延伸——一个本来很有才华的人，当炫耀自己的才华时，才华就开始变得一文不值了！一切都在悄悄地发生变化，其中仿佛有魔鬼在控制一般。我们每个人都逃脱不了这样的控制，这就是人心的复杂之处。你的态度可以创造一种美丽，也可以毁掉一种美丽。聪明是可以创造和修炼的，而自作聪明也可以变得像粪土一样廉价和令人生厌。

《菜根谭》中有这样一段话:“利欲未尽害心，意见乃害心之蟊贼;声色未必障道，聪明乃障道之藩屏。”意思就是说，名利和欲望未必都会伤害自己的本心，而刚愎自用、自以为是的偏见才是残害心灵的毒虫;淫乐美色未必会妨碍人对真理的探求，自作聪明才是修悟道德的最大障碍。在现实中，许多人正是因为急于表现才智，才导致四处碰壁、举步维艰。

有家公司老板，带着三个得力部下去打高尔夫。前两个部下先打，都表现得十分差劲，第一位把球打出了只有20米，第二位甚至把球打到了水塘里。老板拿起杆问第三位部下:“你能把球打到80米对面的那座斜坡上吗?”这位部下毫不犹豫地回答:“当然能!”说罢啪地一杆，球飞出了一道优美的弧线，足足有100米远，完成得十分出色。他得意洋洋地望着老板，可是，看到的却是老板的一张苦瓜脸。

第三位部下根本不理解老板的弦外之音。这种场合本来是让老板满足自己虚荣心，展示领导权威的机会，他却卖弄聪明，还以为能在老板面前讨个头彩，留下好印象，为今后在公司的发展增加筹码。不料正好撞到枪口上，倒霉也是活该！与其说这是聪明有才，倒不如说他蠢笨如牛。在这种场合，他越卖力表现，就越给自己在公司的前途带来不利。

在现实生活中，自作聪明的人到处都是，但成功的人却没有几个。他们炫耀自己的才华和聪明，结果却只落了个颗粒无收的下场，可以说腹内学富五车，但口袋里却空空如也。这是否是上天给予世人的一种警告？

说到这里，你还敢轻视这样的处世法则吗？完全不是耸人听闻，这样的处世法则决定着一个人的命运。一个深谙其中密码的人，往往能够在不知不觉间获得成功，而不明白其中真相的人，往往一败涂地又不得要领，直到临死的那一天，还处于懵懂状态，不知道自己一生的问题出在哪里。

千万不要做这样的无知者！从今天开始，让自己真正低调起来，从内心里谦逊起来，而不是假装的样子。要知道，假装的低调没用，因为它是一种更加炫耀的姿态。世界上没有谁是傻瓜，没有人是看不出来的。我们需要做到真正的不张扬，真正的谦卑和努力。如果你能够做到这一点，你就能够慢慢变成一个明智的人，一个有能力改变自己命运的人。

但不张扬并非让你不作为，而是等待最佳时机，然后一鸣惊人。况且，如果没有前期大智若愚的铺垫，一鸣惊人的效果也不会达到，整天忙着表现自己的人，永远也不会惊人。

聪明在关键时刻表现出来，才会有爆发力，才能引起众人足够的关注，留下深刻的印象。那些平时聪明过度的人，他的心思全用在如何吸引大家的眼球上，轻浮冲动、沉不住气，到了紧要关头，反而拿不出让人眼睛一亮的东西，于是也就现了原形。

不管是为人处世，还是在工作中，这个道理都是适用的。“立名者，所以为贪”，到处宣扬，生怕别人不知道自己的人，肚子里装的其实全是草；到处卖弄小聪明，显得自己智商很高的人，往往就是我们正在“寻找”

的那个超级大笨蛋。当碰到这些眉头上刻着“我很聪明”的蠢材,要赶紧离他远点!

真是“人不为己,天诛地灭”吗——自私自利的底线

原文

世人只缘认得我字太真,故多种种嗜好,种种烦恼。前人云:“不复知有我,安知物为贵?”又云:“知身不是我,烦恼更何侵?”真破的之言也。

译文

世人只因把自我看得太重,所以才有各种嗜好和烦恼。古人说:“假如不知道有自我的存在,又如何能知道事物的可贵呢?”又说:“既然能明白连身体都不是自己能永远占有和控制的,世间还有什么烦恼能侵害我呢?”这些话真是一语中的,切中要害。

当自身利益和公众利益、他人利益发生冲突时,我们往往会不由自主地选择维护自己的利益。在某种程度上说,这正是人类自私本能的充分体现。

世人喜欢用“人不为己,天诛地灭”这句话为自己的自私自利开脱,可又有多少人知道这句话的真实含义呢?在佛家用语中,为是修为的意思。其义就是,人不修为自己,天理难容!而很多人却解释成:人不为自

己牟私利，那么天地就会诛杀他。这个意思明显不通，要知道，老天爷在中国人眼中可是公平的化身，怎会如此糊涂？

中国古人的处世哲学，强调无我无欲，反对突出自我与自私。以现代文明的视角来看，古人宣扬的灭私欲存大义，不允许人有丝毫的自私心，当然有不可取的一面。因为自私是人类的天性之一，没有自私自利就没有热火朝天的干劲，每个人都会丧失积极性。但另一方面，如果我们任凭自我意识泛滥，将自私自利作为行事的主要标准，这样必然被人不耻，在生活中难有朋友，工作中难寻合作者。

退一步来说，即使我们承认自私自利是人的天性，但也要掌握一个度的问题。中国人做什么事都讲个“度”，一旦突破这个度，就会物极必反。如果你在现实中过于自私，就必遭众人的一致排斥，这样的话，不仅私利追不到，反而连自己已有的利益也要原样吐出来！

自私自利的底线是不建立在别人的痛苦之上，而是以人之常伦的做法去实施，正所谓“己所不欲，勿施于人”。就算是出于个人的私利目的，至少也要以“互惠互利”为前提，只有这样才能受到世人的支持和推崇。所以，自私自利一定要注意掌控底线，坦坦荡荡地去奋斗，光明正大地打拼自己的一片天地。

在具体的处世中，我们务必坚守以下两点：

1. 自私的底线是不要伤害他人。如果我们的利益建立在别人痛苦的基础之上，就会被人唾弃和鄙视。某公司的一位经理，为了讨好总经理，也不征求大家的意见，就自作主张地宣布国庆假期取消，让部门的所有员工都留在公司加班。这种行为就是为了自己的利益，牺牲他人的正当权益，踩着别人的肩膀往上爬。所以切记，自私的底线必须是维护自我的正当利益，不可伤害他人。

2. 自私的容忍度是不要影响团队合作。“一个和尚挑水喝，两个和尚抬水喝，三个和尚没水喝”的故事，相信我们大家都知道。三个人都不想吃亏的自私心理,最终造成了很坏的结果。一个和尚时,他只能自己挑水,所以有水喝;两个和尚可以一起抬水,谁都不能偷懒,也能喝上水;三个和尚时,都盘算着让另两位到山下受累,自己留在庙里休息,结果就是三个人都不想动屁股。这种自私行为不但让自己捞不到好处,还会大大损害团队的利益。所以,无论你多自私,要想获得长久生存发展的资本,都要有一定的团队合作意识。

做人就像种田,最后收成才是评定的标准

原文

声妓晚景从良,一世之烟花无碍;贞妇白头失守,半生之清苦俱非。语云:"看人只看后半截。"真名言也。

译文

歌姬、舞女如果在晚年嫁人做良家妇女,那么曾经的风尘生涯对后来的正常生活不会有什么妨碍;一生坚守贞洁的少妇,若在晚年耐不住寂寞而放纵自我,那前半生的清苦也都白费了。所以俗语说:"观察一个人的节操如何,主要是看他的后半生。"这真是至理名言啊。

我们经常看到一些本来很牛的成功人士,在壮年时期是炙手可热的人物,可谓一人之下万人之上,而且美名远扬,几乎没有一个人不称赞他

的。但是，好不容易熬到快要回家养老的时候，他撑不住了，干了一桩罪大恶极的坏事，因为这件事落了个名声扫地，甚至被砍了脑袋。这样的人其实是最愚蠢的，本来眼看着都活到人生的最后了，为什么偏在这节骨眼上憋不住，拉泡屎搞臭自己的一生？

一个人的名声怎么样，往往不看他的从前，而是看他现在和今后要做什么样的人。

晚节不保的例子，最著名的当属大汉奸汪精卫。他从青年时代起就追随孙中山闹革命，为推翻清朝立下了汗马功劳，还曾冒死刺杀摄政王。那时的他，可谓知名人物，有着很好的名誉，受天下人的推崇与敬佩。岂料到了后半生，他却不顾民族大义，甘为日本人的走狗，落一个遗臭万年的汉奸骂名。

一个人混到这步田地，再辉煌的过去又有什么价值呢？完全化为粪土，变得一文不值！

无论做人做事，我们都需谨记这一忠告，尤其是那些在官场混的人，更需要处处小心、时时注意。哪怕你荣耀了一辈子，如果最后犯个大错，可能一生就这样毁了。人生就是如此奇妙，哪怕一个以前做尽坏事的人，但如果他痛下决心洗心革面，仍然是浪子回头金不换，能够获得大家的原谅。如果他再做一些善事，就能够获得众人口中的美名。我们一定要明白这个人生的道理。

在现实生活中，我们经常会看到这样的情况。有的是让人尊敬的老领导，眼看就要退休了，却被查出贪污受贿，接受国法的审判。

中石化集团原总经理陈同海因受贿1.9亿余元，被判处死刑，缓期两年执行，剥夺政治权利终身，并没收个人全部财产。陈同海犯事并突然辞去中石化领导职务是在2007年，当时已59岁，距离功成身退的60岁大限不过几个月时间。晚节不保，是每个人最懊恼的事情，因为明明离功成身退只有一步之遥，却在最后关头一失足成千古恨。

《菜根谭》中有这样一段类似的话：“事穷势蹙之人，当原其初心；功成行满之士，要观其末路。”意思就是说，对于在事业上遭受失败、事事不顺心的人，应当体谅他当初的本心是为了奋发上进；对于事业成功感到万事圆满的人，要看他在以后的道路上能否保住晚节。这就告诉我们不要为一时失败而懊恼，更不要为一时的得意而忘形，因为还未盖棺论定，远不是喝庆功酒的时候。

在生活中，有些人刚开始毫不起眼，我们都觉得他普普通通，没什么能力，最后却突然像吃了兴奋剂一样勇猛无比，接二连三攻克艰巨的任务，让所有人都刮目相看。当具体到某项工作，道理亦如此，只有最后的结果才能证明一切。不管前期有多少失误，别人不理解、竞争对手的冷嘲热讽，这些都不重要。只要你坚持努力，做出好的结果，一切的怀疑和非议都将烟消云散！由此可见，做人做事就像种田一样，最后的收成才是评定的标准，那个时候胜负才见分晓！

真正聪明的人都懂推功揽过这一招

原文

完名美节,不宜独任,分些与人,可以远害全身;辱行污名,不宜全推,引些归己,可以韬光养德。

译文

完美的名声和节操,不要一个人独占,懂得分一些给旁人,才不会招来嫉恨、被人算计;不好的行为和名声,不可全推给他人,自己也要承担几分,这样才可保全功名获得美德。

有个幽默故事,说一只黑猫好不容易捉到一只老鼠,把玩了一阵,却把它给放了。黄狗见了,不解地问:“辛辛苦苦抓到的美味,你为何放了它?”黑猫回答说:“你当然不会明白,我是同上司一起被派到这里抓老鼠的。现在,上司连一根老鼠毛都没捞到,我怎么能抢它的风头呢?所以,我把它放掉,让上司来抓它!”

这只黑猫就是一只聪明的黑猫。它知道身为下属,有时为上司做出一份恰当的“牺牲”,是一种值得的投资。它先把老鼠追得筋疲力尽,再把它放掉,让上司轻而易举地抓到它。上司得到了功劳,心里肯定也明白到底怎么回事。黑猫虽然没有捉到老鼠,却得到比一只老鼠更大的实惠,那就是上司的信任和提拔。

在现实生活中，我们经常可以看到，许多干部在做汇报的时候，将功劳和业绩都归于上级的英明领导，把自己置于一个执行者的角色。他们抓住的恰恰就是上司的虚荣心理，把功劳推给上司，并不意味着你就没有功劳了，大家对事实心知肚明。一个合格的上司，他也不会真的抢你的功劳。相反，他会对你做人处事的风格非常赞赏。如此看来，“推功揽过”实在有百利而无一害。

在这个世界上，凡是成功的牛人，大都懂得与别人分享美名。在他还没有成功的时候，懂得与人一起分享利益，所以朋友帮助了他。当他成功以后，又懂得推功揽过，认为都是大家的功劳，失误自己承担。只有这样的人，才能让亲人、朋友聚集在他身边，只有这样的人才会成功！

某地产集团运营经理，与下属群策群力，历经半年，完成了一个项目。上级过来检查工作，他夸夸其谈，将功劳全扣在自己头上，好像全靠他才完成了如此壮举。上级大喜之余，当然将他好一顿表扬，许诺给他各种奖励。但下属们却不乐意了，对这种阴险的自私鬼非常失望，从此跟他离心离德，不管做什么都不再配合他，还有许多人给上级写检举信，揭发他的错误，暗地发誓，不打倒他决不罢休。

为了贪图一个美名而葬送未来的前程，又是何苦呢？看看瞬间就站在他敌对面的庞大的同事阵营，你就能明白——不懂得推功揽过这一潜规则，何其危险？

《菜根谭》中说：“当与人同过，不当与人同功，同功则相忌；可与人共患难，不可与人共安乐，安乐则相仇。”意思就是，一个人应该有和别人共同承担过失的雅量，不应当有和别人抢功的念头，争夺功劳就会引起彼此的猜疑；一个人应该有和别人共同渡过难关的胸襟，不可有和别人共同享受安乐的贪心，共享安乐就会造成互相仇恨。

每个人都难免在工作上有失误，这很正常。但就有这么一类人，出了事就把责任往同事或下属身上推，先把自己撇干净，生怕上司责怪到自己，嘴里说着“全赖你全赖你”，好像全是对方的错，自己则成了不吃五谷杂粮的大圣人。这么做的结果，只会让自己失去信任，前途岌岌可危。

老板正与客人谈话，市场部的负责人小李敲门进来，告诉老板，一位重要客户打来了一通电话。老板谈兴正浓，只是点了点头，不耐烦地说：“我知道了。”结果两天以后，老板把小李叫到办公室，怒气冲冲地质问他，为什么不将客户打来电话的事情向他汇报，以至于耽误了一笔大生意？

如果你是小李，你会怎么说？下面是三种答案：

A、这不是我的错，我接到电话后第一时间就告诉你了，当时你正与一位客户谈话，没有太在意这件事，记得你还说知道了呢！

B、我没有责任，请不要怪我！

C、对不起，我没有及时让您知道，请原谅！

很显然，A和B讲述的都是事实，小李丝毫没有责任。但是真正聪明的人，一般都会选择答案C，马上将错误归结到自己头上。因为这正是老板期望看到的，他并非不知道错在自己，而是因为自己的身份是不允许出错的，所以，必须找一个替罪羊。此时你非常配合地站出来，让他发泄一番怒火，给他一个台阶。虽然他嘴上责怪你，内心其实会感激你。

金无足赤，人无完人。上司也会出现疏忽和漏洞，决策的失误、指挥的不当，经常会有发生。作为下属，你绝不要放大他的窟窿，甚至想墙倒众人推，取而代之。最好的做法是主动出面，帮助上司适当遮掩差错，往自己身上揽些责任。上司都喜欢可以为自己“补台”的下属，如果你在关键时刻对他落井下石，或对他的“落难”不闻不问，冷漠置之，那你就要小心了,因为他很快就会“报复”你。

当你跟朋友或爱人争执时,也可以这样去解决问题。即使你没有错,也主动说一句“不好意思,可能是我搞错了”,而不是一味地纠缠于“一定是你错了”,这样是不是更有利于化解纠纷呢? 有时候,大家吵来吵去,争的不过是个面子,是一个彼此都能摆脱尴尬的台阶而已。

当同事有些工作做得不到位,领导正要训斥,你过去解围:“对不起,刚才我请他帮我做了一份图表,所以耽误了时间,导致他的工作没有及时完成。”你看,这个理由既能助他摆脱尴尬,又不会把你陷进去。领导不再深究什么,同事对你充满感激,这可是一笔无形的投资。

但“分享”与“担责”,不同于普通的哥们义气,而是在公平合理的基础上,与他人共同分享美名,共同承担过错。无论是公司的管理者,还是生活中的我们,都需要用心体悟和运用这方面的智慧。

第一,揽过要适度。小过小错可以由你来承担,挨几句批评,甚至罚一些奖金,都无关紧要。但绝非什么过错都可以揽,比如上司贪污腐败,你还站出来代人受过,岂不是自寻死路? 所以,揽过的时候要眼明心亮。

第二,推功要巧妙。别轻视你上司的智商,不要赤裸裸地把功劳强加到上司身上,造成张冠李戴的尴尬场面。那样只会弄巧成拙,招致上司厌烦。而且,当你把功劳让给上司的同时,万不可到处宣扬。否则,众人会误以为你别有目的。

为人处世的最高境界——双赢

原文

处世让一步为高,退步即进步的张本;待人宽一分是福,利人实利己的根基。

译文

为人处世懂得谦让容忍才是高明的做法,因为退让往往是更好的进步的基础;待人接物能够宽容大度就是有福之人,因为便利别人是为方便自己奠定根基。

在美国乡村,住着一个老头,他决定让儿子成为不平凡的人。于是,他找到美国当时的首富——石油大王洛克菲勒,对他说:“尊敬的洛克菲勒先生,我想给你的女儿找个对象。”洛克菲勒说:“对不起,我没有时间考虑这件事情。”老头说:“如果我给你女儿找的对象,也就是你未来的女婿,是世界银行的副总裁,可以吗?”洛克菲勒同意了。然后,老头又找到了世界银行总裁,对他说:“尊敬的总裁先生,你应该马上任命一个副总裁!”总裁先生说:“不可能,这里这么多副总裁,我为什么还要任命一个副总裁呢,而且必须马上?”这个人说:“如果你任命的这个副总裁是洛克菲勒的女婿呢?”世界银行总裁爽快地答应了。

世界上最出色的生意就是这样谈成的,因为给对方提供了利益,所以到最后自己也收获大利。正如《菜根谭》中说:“利人实利己的根基。”由此可见,利人和利己之间并不矛盾,两者是相辅相成的关系。那么,人际交往的实质是什么呢?一语道破,就是利益交换,这和人要吃饭、鸡要啄米一样简单。在这个竞争激烈的社会上,我们一定要抛开“个人利益就是所有”的陈旧观念。当然,你可以“利己”,但利己却不一定非得建立在“损人”的基础上。有很多的合作模式,最后都能得到双赢的结果。

中国人崇尚“君子之交淡如水”,很多人忌讳将利益和朋友联系起来,以为如果承认了利益是友谊的前提,就会被贴上“势利”的标签。其实人生中大部分朋友都是在谋取共同利益的过程中结交的,利益越一致,关系越深厚。尽管人与人之间有各种矛盾,但利益的凝聚力会使双方去磨合、修复,自动寻求平衡。

对每个人来说,要想成功就要懂得先利人再利己,最终做到既利人又利己,这才是为人处世的最高境界。只有懂得舍弃小的利益,让人一步,惠及他人,才能迎来别人对你的回报。当我们对别人让利的时候,其实也是为了让自己得到更大的实惠。

庄吉集团的创始人之一郑元忠,是改革开放初期温州有名的“电器大王”。后来,他选择从事服装业,成立了一家服装公司,但却一直没有做出大成绩。

一次偶然的机会,郑元忠认识了同样搞服装的陈敏,两人一谈,相见恨晚。于是,两人在商量后成立了温州庄吉服装有限公司。

不久,吴邦东也加入其中。三人在公司各司其职,各有所长,被业界称为“黄金三角”。

当时，对于谁当董事长的问题，三人都看得很开。按股份，郑元忠是理所当然的董事长。但是，郑元忠却选择让陈敏来当董事长。正如他日后所说：“服装该由懂服装的人来做，陈敏是当时温州服装界数得着的少帅，又是服装商会副会长，三个人中肯定他最行，而且也年轻。”

三人从一开始组合就达成一致：庄吉的权利在董事会，实行董事会领导下的总裁负责制。公司绝对不安排任何人的家族成员。有一次，陈敏的侄子大学毕业后，想到庄吉来工作，被陈敏拒绝了。如今的庄吉，股权清晰，事事由董事会集体决策，已经创造了许多第一：全国第一家利用品牌做质押贷款的民营企业；温州市第一家民办服装文化研究所等等。庄吉还与中国美院、杭州丝绸学院等多家科研单位合作，成功地把庄吉定位于高层次的服饰品牌。

有人说，当今社会是一个合作型的社会，各取所需的合作模式可以表现在工作和生活的方方面面，同样也表现在企业经营管理中。互利和双赢应该是经营者始终要牢记的最高准则和追求目标。尤其是创业的时候更需要借助别人的力量，这就需要合作。寻找一个好的搭档，才能够迸发出无限的能量，才能各得其所。

要记住，世界上没有“全能冠军”，任何人都得凭靠身边的朋友和关系才能做成事情，比如一件复杂的工作凭借个人的力量很难完成，此时就必须有一种团结合作精神。合作精神在生意场上是一种不可或缺的品质，一个普通人只有放进团队中才能彰显力量，做出不一般的成绩，所以要想让自己更好的发展，就要有跟人合作共赢的决心。

每一个成功人士背后都有一大批人在帮忙。那些电影明星，都有制作群；而那些歌星，也都有帮他们作词、作曲的人，以及帮他们推广的唱片公司，这些人的成功不仅仅凭借自己的能力，更多的是团队的力量，所以有人说这是一个“合谋的时代”。

成功者都深谙这个道理——成功是靠组织、靠团体，而不是靠个人。他们一旦遇到问题，首先想到的，肯定不会是自己单枪匹马地去解决，而是找他们的伙伴一起来商量，集思广益、博采众长。如此一来，大家都得到了实际的利益，而成功也变得更加容易。

在这个世界上，你可以没有知己，但是一定要有很多互利的朋友。你们不一定在生活中很谈得来，但是在生意上你们一定要有共同的利益。如果你想赢得朋友，那就必须在你们之间有种互利关系，这是稳固你们关系的一个根本。有了互利的朋友，你才能在市场竞争中立于不败之地。

华人首富李嘉诚说：“如果利润 10% 是合理的，本来你可以拿到 11%，但还是拿 9% 为上策，因为只有这样才会有后续的生意源源而来。”这句话表达了一种互利的经营理念。互利的目的是寻求更多的机会、财富以及资源，而非敌对式竞争。这正是人际交往与生意场上的最高境界。

做人要真诚，处世要变通

原文

做人无点真恳念头，便成个花子，事事皆虚；涉世无段圆活机趣，便是个木人，处处有碍。

译文

做人没有一点真切诚恳的念头，就成了一个绣花枕头一样的老滑头，无论做什么事都让人感到虚假、不靠谱。处世如果不懂圆通灵活和随机应变的情趣，也会像一个没有生命的木头人，时时处处都会遇到障碍。

我有个当公务员的朋友，跟我讲过一件小事——他们单位有个同事，模样忠厚老实，长得特别有“欺骗性”，不管谁看到他，都觉得这个小伙子很实在，一脸善相。所以，他刚进政府做文职工作的时候，跟同事相处得很好，聊得也投机。大家一高兴，几个同事凑了点钱，就给他举行了一次欢迎宴。在酒宴上，年轻人豪爽地连干数杯，在感谢众人美意的同时，许下承诺：“第一个月的薪水发下来之后，我一定请诸位去省城最好的饭店大吃一顿。”众人也都竖起大拇指，说他前途一定光明。

两个月很快过去，薪水都发了两次，同事们数次对他进行暗示，这位年轻人充耳不闻，当初答应的还请一事，早就抛到脑后了。在他看来，原来的承诺不过是随口应酬的客套话而已，不足挂齿。但在别人眼中问题就没那么简单了，初来乍到就一点不真诚，竟敢玩虚的！同事们黑了脸，认定这小子是个大滑头，就开始整他，让他负责最烦心的工作。

如果做人不真诚，总是华而不实，朋友就会疏远你。时间久了你会被贴上骗子的标签，后果很严重。事实就是这样，真诚是一个人在世间生存最重要的品质之一。然而，如果一个人过于固执呆板，处世不懂变通，同样会四处碰壁。因为开车需要拐弯，为人处世同样需要转动方向盘，谁也不能一条道走到黑。

有位推销员跟某老板约好之后，坐了五个小时的车上门拜访并推销公司产品。到了目的地，老板的秘书把他拦住了，说老板有事出去了，今天没办法见面。这名推销员眼珠一转，抬起一脚就把门踹开了，老板果然就坐在里面，见他踹门，站起来吼道："你怎么这样？"推销员也生气地瞪着眼说："我坐了五个小时的车，专程来跟你谈生意，帮你挣钱，你却这么拒绝我，难道平时你就用这种态度对待自己的客户吗？"老板哈哈大笑，立刻变得友好起来，说："不错，跟我对脾气！"两个人坐下促膝长谈，很快就谈妥了合同。

全世界没有一本销售教材会让人伸脚把客户的门踹开，他不但这么做了，还成功地搞定了一宗大生意。因为他知道，销售的虽然是商品，但归根结底还是人与人之间的互动。他在来之前，仔细查看了这名老板的资料，发现他是一个江湖气很重的人，为人豪爽讲义气，不按规矩出牌。所以，当秘书拒绝他入内时，他马上就明白，这可能是老板有意试探他。于是他调整策略，破门而入，果然大对老板胃口。

俗话说："识时务者为俊杰。"如果一个人不懂变通，那就是一个呆子。我们都知道刻舟求剑的故事，这就是一个学富五车的人不懂变通的活例子。船已经走了，那个所刻下的印记自然也变化了，靠这样的死脑筋又怎么能够找到自己的宝剑？同样的道理，我们如果不懂变通就会变得迂腐不堪，如同没有生命的雕像和傀儡，为人处世的时候就会不得要领，做出让人哭笑不得的傻事来。

处世虽然需要变通，但我们也不能丢掉自己的原则，否则就成了随风而动的墙头草。或许刚开始给人一种聪明伶俐的好印象，但决不会长久。太滑头了让人讨厌，太死板了也没人喜欢。针对不同的人与事，我们要善用变通之法。比如一群人坐在一起聊天，思维灵活、富有幽默感、擅长调动气氛的人，总能给人留下深刻的印象。如果你严肃得像一个领导，字字讲究、枯燥无味，大家都会对你敬而远之。

那么，我们应该怎么办呢？对此，著名教育家黄炎培给出了答案。他在给儿子的座右铭中写道："和若春风，肃若秋霜；取象于钱，外圆内方。"这句话告诉我们，一个人要做到外表圆融懂世故，内心方正有原则。前者使得自己在熙熙攘攘的人群中进退有度，不因死板而显得毫无生趣，更不因棱角过于锋利而四处树敌；而后者则让自己在鱼龙混杂的社会中不忘初心，不曲意逢迎，心存善念，恪守原则。

第四章

为什么有的人做得很棒却得不到提拔和重用

为什么那些什么也不说、什么都不做的人，无功也无过，但地位最稳固？为什么有的人做得很棒却得不到重用？其中究竟隐藏着哪些不可告人的秘诀？

什么样的人地位最稳固

原文

十语九中，未必称奇，一语不中，则愆尤骈集；十谋九成，未必归功，一谋不成，则訾议丛兴。君子所以宁默勿躁，宁拙毋巧。

译文

十句话有九次都说得对，未必有人称赞你神奇，但是如果有一句话没说对，那么就会受到众人指责。十次谋划有九次成功，人们不一定把功劳给你，但是如果有一次谋划失败，那么批评、责难之声纷至沓来。这就是君子宁可保持沉默也不浮躁多言，宁可装作笨拙也不显露机巧。

世界上存在一种奇怪的现象——为什么那些什么都不说、什么都不做的人，无功也无过，地位最稳固？而有的人做得非常棒，为什么却得不到上司的重用？甚至稍稍有一点疏漏，就会遭到上司责骂？其中究竟隐藏着哪些不可告人的秘诀？

究其原因，就是前者深谙人情世故。知道什么时候该说，什么时候不该说,知道如何做才恰到好处。他们的一举一动都符合为人处世的黄金标准——中庸之道。而后者则固执己见,在复杂的人际关系中晕头转向,不知自己身在何处,为图一时口舌之快,得罪了不少人,最终招致"杀身之祸";或者逞一时之强,偏激猛进,直至步入人生的死胡同,在墙上碰个头破血流,脑浆涂地……以一句话概括,就是说话做事欠策略。说不到点子上,说了也白说!做事不到位,做了也白做!

乱吃东西可以死人,乱说话可以遭祸。此话虽俗,却是真理。在现实中我们一般不会乱吃东西,更多的则是说话办事上的错误。不懂人情世故,胡乱说话确实让人多走弯路、头破血流!

三国时期的祢衡年少才高,目空一切。建安初年,二十出头的祢衡初到许昌。有人劝他结交陈群、司马朗。祢衡说:"我,怎能跟杀猪卖肉的在一起?"有人劝他参拜当时的名流荀彧、赵融,他回答道:"荀彧白长一副好相貌,如果吊丧,可借他的面孔用一下;赵融是酒囊饭袋,只好叫他看管厨房了。"这位才子只与孔融、杨修意气相投。尽管如此,他还对人说:"孔融是我大儿,杨修是我小儿,其余碌碌之辈,不值一提。"可见,他乱说话到了何种程度!

汉献帝初年,大将军曹操召见祢衡。祢衡看不起曹操,抱病不往,还口出不逊之言。曹操求才心切,为了收买人心,还是给他封了个负责击鼓的官。一天,曹操大会宾客,命祢衡穿戴鼓吏衣帽当众击鼓为乐,祢衡竟在大庭广众之下脱光衣服,赤身裸体,使宾主讨了个没趣。曹操恨祢衡入骨,但又不愿因杀他而坏了自己爱惜天下英才的名声。

曹操心想像祢衡这样狂妄的人,迟早会惹来杀身之祸,便把他送给荆州的刘表。祢衡替刘表掌管文书,颇为卖力,但不久便因乱说话得罪众人。刘表也聪明,把他打发到江夏太守黄祖那里去。祢衡为黄祖掌管书记,起初干得也不错。后来黄祖在战船上设宴,祢衡说话无礼受到黄祖呵斥，祢衡竟顶嘴骂道：“死老头，你少啰嗦！”黄祖急性子，盛怒之下就把他杀了。此时，祢衡年仅26岁。

不怕没文化，就怕乱说话。祢衡的文化不可谓不高，但他以一点文墨才气便轻看天下，到处乱说话，最终因一言不慎冲撞权势人物而被杀。这就是乱说话的下场。很多时候，十个正确抵不了一个错误。话说多了，总会有出错的时候，因此说话做事之前需先冷静判断——哪句话不该说，哪件事不该做！正所谓：“三年学说话，一辈子学闭嘴”。

《菜根谭》中说：“处世不必邀功，无过便是功；与人不求感德，无怨便是德。”意思就是，为人处世不必想方设法去追逐名利，其实只要能够做到不犯常识错误就是最大的功劳；施舍恩惠给别人不必要求对方感恩戴德，只要别人没有怨恨自己，就是最好的回报。那些深谙人情世故的“人精”都很明白这个道理，他们处处小心，保证自己不在处世中犯傻。

说得多、做得多，显露出来的错误也就越多。内心的真实想法就会暴露，让人轻易抓住你的弱点。如此一来，你不知不觉就成为别人的眼中钉、肉中刺，他们自然会想尽办法整你。比如在单位内部，一些同事看你出错的时候，会抓住你的把柄，跑到上司那里说坏话，将你的缺点无限放大。上司如果不是明白人，就会对你举起大棒，于是你就会因多说话、多做事而遭受打击。

说错话的危害，比闭紧嘴巴不说话还要大。所以，我们为人处世的时候，一定要牢记——能说不代表会说，只有在该说的时候说，不该说的时候沉默，这才真正称得上聪明和有口才。

某外贸公司，新来了一位美女，震惊了整个部门，大家都讨论与她有关的一切话题。这天，几个同事聚到王晋的跟前，让他帮忙分析一下这个美女的来路。

王晋被问得实在烦了，就随口说了句："你们真是笨，难道没注意吗，她经常从老板的办公室门口经过，有时还会进去呆一会。而且，经理见了她都要主动点头微笑！"

"哇，原来如此！"同事们张大嘴巴，像听到一个天大的秘密似的，兴奋至极地走开了。

王晋并没把自己的这句话当回事。但次日中午刚下班，女孩就一脸严肃地把他叫到公司的会客室，把门关上，瞪着一双愤怒的眼睛，质问他："你昨天瞎编什么？"王晋晃着脑袋想了想："没有啊，怎么了？"女孩哼地冷笑一声："你是不是不编故事就活不下去，为什么说我是老板的情人？"王晋吓出了一身冷汗，这才想起来，昨天自己的一句敷衍之语，一传十，十传百，传到女孩耳中，竟成了"她是老板的情人"。

他急忙道歉："对不起，我不是故意的，只是跟他们开玩笑。而且，我只是实话实说，说你经常去老板办公室而已，'你是老板的情人'绝对不是我说的。"事情到了这一步，越解释只会越说不清楚。事实上，女孩确实跟老板有关系，只不过并非"情人"，而是老板的小女儿，刚从国外留学回来，想悄悄在公司实习一段时间。

千万不要以为自己年轻，就可以信口开河；千万不要因为缺乏经验，就放纵自己成为让人讨厌的大话筒！真正聪明的人懂得独善其身，懂得沉默的力量，这样才会让人刮目相看！

俗话说："世事洞明皆学问，人情练达即文章。"中国人自古就讲究说话和办事的"度"。这个"度"就是恰到好处。在倾听与回应、幽默与玩笑、赞美与批评、拒绝与答复、说服与劝导、辩解与圆场、问话与答话中，掌握了这个"度"，你将能在激烈的竞争中立于不败之地，成功自然也就水到渠成。

有个公关经理，在外面偶遇多年不见的朋友，两个人去饭馆喝酒。他被几句好话和几杯好酒灌得迷迷糊糊，把自己正负责的项目全盘托出。没想到的是，这位老友如今已是竞争对手的公关经理了。公司的商业机密就这样轻易地被窃取，他因此被解雇了。

我们一定要牢记——话多不是福，沉默才是金！谨言慎行未必能保证你万事无忧，但至少是一种聪明的处世态度。宁可成为别人眼中笨拙的人，也不要成为一个自作聪明的人！整天抖机灵、耍心眼，把自己树为别人打击的靶子，这不是傻瓜是什么？

下面是我的朋友袁岳先生总结的几条必须掌握的人情世故，希望能对你有所帮助。

1. 即使不是大人物，也要用请教的态度和口吻与之对话，因为人不可貌相，良师益友往往来自不起眼的生活与工作中。

2. 即使不是服务人员，在朋友或者同事有客人来时也应该主动倒水。这样会让朋友、同事很有面子，也会让客人觉得你的朋友、同事很有威望。他们会特别感谢你的姿态。

3. 有不同地位的朋友在的场合，要保持微笑，体贴地招呼那些内向、不为人注意、可能有点儿自卑的朋友。在社交中帮助弱势者会得到别人的感激。对于社会地位较低者或自己不能适应的生活条件与生活习惯时，尽量不要表现出厌恶的表情。

4. 在没有充分把握的时候，用“争取”与“尽量”这样的口吻回答别人的邀约，承诺了就要尽最大能力去履行。

5. 好汉不吃眼前亏，如果问题争执不下，就不要继续火上浇油。冷静下来，多收集一些数据材料，想得更明白点儿再说。

处世法宝:做人要中庸,做事要一流

原文

好动者,云电风灯;嗜寂者,死灰槁木。须定云止水中,有鸢飞鱼跃气象,才是有道的心体。

译文

生性好动的人就像云中的闪电一样飘忽不定,又像风中的残灯一样忽明忽暗;而一个嗜好安静的人就像火已经熄灭的灰烬,又像已毫无生机的枯木。以上都不合乎中庸之道。我们应该像在静止的云中有飞翔的鸢鸟,在静止的水中有跳跃的鱼儿,这才算是达到有道的境界。

读大学的时候,我很不喜欢孔圣人,认为他的中庸之道是鼓励抹杀个性,势必造成平庸之辈的泛滥。等后来踏入社会,我越来越体会到中庸之道的真正价值。刚入社会时,天不怕地不怕,总想表现自己最强的一面,什么都想做都想争,结果不仅吃尽苦头,而且还遭受周围人的白眼和冷笑。残酷的现实让我明白:为人处世,中庸必不可少。中庸是为人处世的法宝。

对于什么是中庸,并不是人人都了解。宋朝程伊川先生说:“不偏于一边的叫做中,永远不变的叫做庸。中是天下的正道。庸是天下的定理。”所以,中庸也就是合乎规律,符合规律也就是符合“道”。所谓中庸,在哲学上讲就是一个做人做事的“度”。

中庸之道要求我们为人处世恰到好处。在做人方面,《菜根谭》有过这样的要求:“气象要高旷,而不可疏狂;心思要缜密,而不可琐屑;趣味要冲淡,而不可偏枯;操守要严明,而不可激烈。”意思就是,一个人的气度要高远旷达,但不能太狂放不羁;心思要细致周密,但不能太杂乱琐碎;趣味要高雅淡泊,但不能太单调枯燥;节操要严正光明,但不能太偏激刚烈。具体来说,就是看待问题、处理事务,要有一个合理客观的尺度,把握好分寸,干什么都恰到好处、不偏不倚。

我经常听朋友说,做生意的关键就在于做人。人做得好,生意自然就做得好。但如何做人呢?我认为做人要恪守中庸之道。只要我们做人恪守中庸之道,就不会偏激愤青,我们的人际关系就会和谐,朋友就会越来越多。这个世界之所以丰富多彩,就是因为有各种不同的事物,有各具特点和特色的人。以中庸的态度做人,我们就能接受不同的人或事,就能承受不同人或事物的激发。我们观察人或事物才会更加全面,得出的结论就会更加接近真理。

这个不偏不倚的中庸,绝非“和稀泥”,而是公平与合理。若是理解错误,效果可就差了十万八千里。有不少人对中庸理解错误,认为它就是提倡得过且过什么都不做。其实恰恰相反,中庸要求我们在做事的时候,追求极致,一定要达到最好的效果。

有人问知名导演李安,当年为何有勇气拍《色·戒》这样限制级电影?李安这样回答:“我的个性比较温和,一般不会做比较悲怆或者比较决绝的事情,可是我的勇气和诚意让我可以去触摸这些题材。在生活中,我不是一个爱走极端的人。我觉得做人可以很温柔很中庸,做艺术不能手软。这是我的个性,探索题材要大胆、要深入,言别人不能言,掷地有声!”

做事要一流，就是做事一定要走极端。古人说：“取法于上，仅得为中；取法于中，故为其下；取法于下，则无所得也。”意思就是，如果开始的目标是上流，最后得到的结果可能只是中流。如果开始的目标是中流，最后得到的结果可能只是末流；如果刚开始的目标只是末流，那么你就会什么也得不到！这就告诉我们在做事的时候，绝不可采取中庸的办法。对于一件事，我们不仅要把目标定为最上等，而且在实际执行中也争取做到最好。如果开始就追求过得去就行，结果肯定是什么都做不好。

现在许多人做事浮夸马虎、敷衍应付，每天早晨往单位的椅子上一坐，什么也不管，什么也不做，就知道当一天和尚撞一天钟。还有的人，投机钻营、偷工减料，把工作当成谋取个人利益的平台。如此做事，既称不上一流，也达不到中庸的要求。我们看看全国出现多少豆腐渣工程就知道了。有人开玩笑说，从楼顶使劲砸一块砖，可以直接贯穿到楼底——这就是关于豆腐渣工程辛辣的讽刺！盖一座百年不倒的房子和盖一座20年就要推倒重来的房子，其对质量的要求是完全不同的。

为什么日本人、德国人生产的产品那么受世人推崇？因为他们做事态度一流、精益求精。难道我们中国人的智慧比德国人、日本人差很多吗？非也！只是我们中国人实在过于“聪明”了，把做人要中庸的智慧，错误地用在了做事上。实际上，在做事情时一定要追求一流，这两者岂能混为一谈？如果在本应认真做事的时候还难得糊涂，这不是忽悠全国人民又忽悠你自己吗？

真正懂得中庸的聪明人，就会区别对待做人和做事，注重在日常生活中提升自己的格局，不偏激、不糊涂，以理性为基础，以公正为前提，以通达为尺度，从而实现做人与做事的双成功。

让对方做主角,自己心甘情愿当配角

原文

居卑而后知登高之为危,处晦而后知向明之太露;守静而后知好动之过劳,养默而后知多言之为躁。

译文

处在低矮的位置,才知道攀登高处的危险;在昏暗的地方,才知道当初的光亮过于刺眼;持宁静的心情,才知道奔波的辛苦;保持沉默的心性,才知道多言带来烦躁。

一部电影中往往只有一个或两个主角,这个主角该由谁来扮演呢?自然是最合适的人出演。这样的话,做主角的只是那么一两个人,多数人都将出演配角的角色。

在社会交际中,我们也常常面临着是做主角还是做配角的选择,当然每个人都希望自己能够出演主角,这是人的一种自我表现的本能。但是你不可能永远做主角,大多时候你都将以配角出现。在一些特别的社交场合中,有些聪明的人总会心甘情愿当配角,让对方当春风得意的主角。对他来说,这并不是一种失败,甚至可以说这是一种决策性的胜出,他让出的只是一个主角的虚名,而赢得的却是真正的实惠。

真正聪明的人总能一眼看出这其中的诀窍。事实上也确实如此,如果你想赢得别人的好感和信任,最巧妙的办法就是让他做主角,而你心甘情愿地当配角。你满足了他的表现欲,他就会满足你的一切。比如你想与某个重要人物结交,或是有什么事需要朋友帮助,这时你就需要把主角让给对方,使对方过一把主角瘾。等对方心理满足后,他就会配合你,心甘情愿地帮你解决一切难题。

三国时期,有一单“生意”可称经典之作,那便是“三顾茅庐”。刘备听说南阳诸葛亮有经天纬地之才,于是亲身前往相邀。一顾茅庐,诸葛亮避而不见,张飞耍起了牛脾气,大骂诸葛亮,可刘备制止了他;二顾茅庐,诸葛亮仍不相见,一向稳重的关羽也耐不住性子了,可刘备仍然毕恭毕敬,以表诚意;三顾茅庐,诸葛亮故意刁难迟迟不与相见,三位当世英雄站在阶下几个时辰,最后诸葛亮才答应出山。

在这里,刘备可谓给足了诸葛亮面子,心甘情愿做配角且毫无怨言,诸葛“村夫”过足了“主角瘾”。可刘备更是个聪明人,他做了一回配角,却赢得了三分之一的天下,可谓赚大了。生意场上也是如此,人们都希望被尊重,特别是一些已经有了较高社会地位、有所建树的能人学者,大都有一丝清高和些许傲气。与他们交往时,我们就须礼让三分,让对方当一回“主角”,一旦你的诚心感动了他们,他们会加倍信赖你,以各种形式来回报你的知遇之恩。死心塌地的创业同伙、做事专注的得力助手,往往都是这样来的。

如何把主角让给对方且又“让”得不露痕迹呢?

一、主动为你的“上帝”服务

一个关键人物,可能就是改变你命运的“上帝”。当你遇到了自己的“上帝”,一定要抱着主动为之服务的心态,了解“上帝”的爱好、习惯、性格等,这是最基本的步骤。在此基础上,为其量身打造一部主角的情节,对方很快就能入戏,你的“生意之戏”也将进行得有声有色。

二、低调做人,高调做事

如果你想把生意做成,就得时刻保持着低姿态,表现得谦虚、平和、朴实、憨厚,甚至愚笨、毕恭毕敬,这样对方就会感到备受尊崇,心理上会有一种极大的满足。其实,你的低姿态只是一种表面现象。世界上第一流的企业家都是大智若愚型,为什么呢? 就是因为他们遵循了这条规律:低调做人,高调做事。因此,要想把事办成,把生意做好,你不妨常以低姿态出现在别人面前。别人有了安全感,你才有安全感。

三、莫让他人丢面子

英格丽·褒曼因为在《东方快车谋杀案》中的精湛演技而获得最佳女配角奖,但是在她领奖的时候,她却一再地称赞与她争逐最佳女配角奖的弗沦汀娜·克蒂斯,认为真正的获奖者应该是这位落选者。她十分真诚地对弗沦汀娜·克蒂斯说:“原谅我,弗沦汀娜,我本来没有打算获奖的。”

褒曼获得了最佳女配角奖,然而她并没有喋喋不休地夸耀自己的辉煌成绩,而是对差点抢走自己奖杯的对手推崇备至,这既维护了对方的面子,也显示了自己豁达的胸襟。

我不同意你说的每一个字，但我誓死捍卫你说话的权利

原文

待小人不难于严，而难于不恶；待君子不难于恭，而难于有礼。

译文

用严厉的态度对待小人并不难，难的是内心并不憎恶他们；恭敬品德高尚的君子不难，难的是做到真正有礼。

很长时间以来，我都信奉“对事不对人”这一处世原则。我相信很多人也和我有一样的想法。为什么呢？因为我们要客观地分析问题，在处理日常事务时针对的是问题本身，而不是某个人。参加工作以后，每当遇到难以解决的纠纷和矛盾，我都会想起这一处世法，作为自己处理事务的准则。

关于这种处世法，台湾作家柏杨曾以一个故事解释得淋漓尽致——俄国大作家托尔斯泰向一个乞丐施舍。朋友告诉他，该乞丐不值得施舍，因他品格之坏，在整个莫斯科都非常有名。托尔斯泰回答：“我不是施舍给他这个人，我是施舍给人道。”法国思想家伏尔泰也说过类似的话，具体为：“虽然我不同意你说的每一个字，但我却誓死捍卫你说话的权利。”确实如此，我们可以不同意一个人说话做事的方式，但是对这个人我们要

保持尊重，因为他在人格上拥有上天赋予的自由和平等。

明朝万历年间，一个官员因手下一名小吏的工作犯了低级错误而严加批评，把他教训得狗血喷头、眼冒金星。但在回府的路上遇到他，官员又亲切地对他礼貌相待，真诚地关心他的生活所需。

小吏惭愧道："我这么不称职，大人为何还如此礼待我？"官员笑说："你的错在衙门之内，与衙门之外有何相干？"小吏听了很受感动。

这就是对事不对人的处世原则。对事不对人，无论事情做成什么样，这个做事的人在人格上跟自己是平等的。上班的时候有失误，不代表他下班之后可以继续被训斥。随着时间的流逝，错误可以更改，而原本不犯错的人也许会出错。正所谓，坏人可以变成好人，好人也能变成坏人。

人有贵贱之分，对坏人、弱者或自己不需要的人，许多人骨子里就带着轻蔑的态度，缺乏基本的尊重。可一旦见到强者、富人、名人，立刻就表现得十分殷勤，以崇拜者的姿态仰视对方，不拿自己的人格当回事，让受者不屑，观者不耻。这就是不懂做人做事之道的表现，这样的人处世是相当轻率的。

一个人，今天是小偷，明天换个新环境，可能就会成长为勤劳能干的好人。而一个曾经勤政为民的好官，经受的诱惑多了，也有可能自甘堕落，变成与国为敌的腐败分子。所以，我们要用辩证思维来看待人和事——你可以指责批评别人做的错事，但绝不可看轻他的人格，不要把人一棍子打个半死。

为人处世，最困难的就是做到对事不对人。对事不对人，不对人性进行扭曲、伤害，不对人做道德说教、评判，不对人的素质妄下推论、结论。只针对一个人做过的错事进行批评和指责，不要因为讨厌其本人，就把他做的所有事都批得一无是处。反过来看，对那些春风得意的成功人士，我们充满崇拜之情。这是一种很正常的情结,但如果过了头,就成了谄媚,把自己放在一个卑微的位置,这当然不是聪明人应采取的态度。

要知道,一个人贬低自己,不仅得不到对方的尊重,而且遭受世人的耻笑——瞧,这人是个马屁精!这就是不对具体的事,只见人就先臣服的不客观心态。谁能瞧得起一个总是点头哈腰的人呢?你自己选择仰视别人,就休怪他人俯视你!

阶梯递进心理法则——恩要自淡而浓,威需从严至宽

原文

恩宜自淡而浓,先浓后淡者,人忘其惠;威宜自严而宽,先宽后严者,人怨其酷。

译文

给人恩惠应该从淡薄到浓厚,如果开始浓厚而逐渐淡薄,那么人们就容易忘掉你的恩惠;树立威信应该先严厉而后宽松,如果先宽松而后严厉,人们就会怨恨你的冷酷。

冬天下雪的时候,一个快饿死的乞丐,躺在街角的阴冷处,可怜巴巴地望着路人。有一位农夫实在不忍心,就把刚买来的鸡腿送给了他。乞丐感激涕零,拿过去就狼吞虎咽,吃完了还跪下给他磕头。没几天,农夫

又经过那里，乞丐见他来了，眼睛顿时一亮。这次农夫给了他一个热乎乎的饭团，希望他能填饱肚子。没想到，乞丐失望地摇摇头，像看吝啬鬼一样瞪着他，十分不情愿地接过饭团，说他是小气鬼，诅咒他活不过这个冬天。

农夫回到家，气得睡不着觉。老婆听他讲了事情的原委，对他说："人心就是这样，永远不知足。如果你先给他一个饭团，再给他鸡腿，他一定很感激你。"

这就是阶梯递进心理在作怪。如果同时有两种食物，先吃美味佳肴，后吃粗茶淡饭，就发觉难以下咽；反之就觉得这餐饭吃得很香甜。在管理中同样如此，老板先给员工一个下马威，让他们看到自己严厉的一面，日后管理起来就比较容易。若开始宽松地要求他们，就会惯出毛病来，当你再想上紧发条的时候，难度已经增加了百倍，他们对你的严厉会感到非常的反感。

有人听到如此分析，或许会认为，帮助别人竟然还不讨好，那我们就不要帮助他们好了，有了恩惠自己留着，何必给他们讨嫌呢？这样的观点显然是错误的，因为我们绝对不可忽视帮助他人在人际交往中的重要作用。凡是真正聪明的人都懂得——给别人小恩小惠是开拓和巩固人际关系的"常规武器"。一个从不帮助别人的人，很难想象能在这个社会上吃得开。因为人情就是财富，让别人欠你一个人情，就等于写下了一张不定期归还的欠条，将来一旦有机会，别人肯定加倍地还给你。但是，帮助人也绝非饿虎扑食，不分轻重、不讲策略地扑上去这么简单，像上面这位思想单纯的农夫，他虽然做了助人为乐的好事，却得不到好评，原因就在于第一次给的太多太好了，反而提升了乞丐对他第二次施舍的期待。

《菜根谭》中有这样一段话："千金难结一时之欢，一饭竟致终身之感。盖爱重反为仇，薄极反成喜也。"意思就是，用千金来馈赠他人，有时难以打动人心换得一时之欢喜，相反有时候一顿饭的恩惠却能使人终身感激。这是因为有时过分的关爱反而变成仇恨,而一点小小的恩惠反而容易讨人欢心。善于运用小恩小惠的技巧,会让你在人际交往中如鱼得水,游刃有余。

小恩小惠,实际上就是一种感情投资,感情投资的最好方式就是在别人最需要帮助的时候雪中送炭。大家都送的时候,你的作用显现不出来,别人也无从感受你的诚意,但是在危难时送,他就会感激你。在困难中得到了帮助,他将会记得长久,感受最为深刻。古人云:“滴水之恩,当涌泉相报。”为什么要报?因为没有这滴水,可能就没命了,这滴水就是活命之水。宋江为什么得到梁山好汉的尊敬?就是因为他总是在别人最需要帮助的时候出现,以致人们称他为“及时雨”。在情感投资中,及时非常关键,帮得早,不如帮得巧。

20世纪70年代初,香港的塑胶业出现了严重的危机。由于石油危机波及香港,香港的塑胶原料全部依赖进口。而此时的进口商趁机垄断价格,并抬高物价,致使许多厂家停产,濒临倒闭。在这个关键时候,李嘉诚出现在了风口浪尖。他倡议数百家塑胶厂家入股组建联合塑胶原料公司,并由联合塑胶原料公司出面,与国外原料商直接交易。由于他们现在的需求量比进口商还大,所以购进的原料价格降低,并按实价分配给股东厂家。于是,进口商的垄断局面被打破了。之后,李嘉诚还将长江公司的13万磅原料以低于市场一半的价格卖给了一些濒临倒闭的厂家。在这次危难之中,有几百家塑胶厂得到了李嘉诚的帮助,他因而被称为香港塑胶业的“救世主”。从此以后,他在业内的威望更大,而自己的生意也越来越顺利。

最高明的情感投资就是急人之难、雪中送炭,而不是锦上添花。如果你能在别人最需要帮助的时候出手,那么你就成了他的恩人。什么时候你有了困难，别人肯定会在重要时刻助你一臂之力。在与人交往的时候，我们总是想从别人那里得到什么东西。事实上，要想得到，必先施予。但施予也要讲究技巧，并不是所有的给予都会有效果。对别人的帮助，雪中送炭比锦上添花好。如果别人这个时候不需要帮助，为了表示你的友好，你非要主动帮忙，这样就收不到应有的效果，别人反倒以为你是故意要让他欠人情，并不是真心实意的帮助。

由此可见，施恩应该从小到大，不可一下就满足对方，否则会惯坏他的胃口，导致你后来的帮助失去意义。同时还要记住——不可过于直露，以免对方感到不好意思，导致脸上无光。另外，如果别人帮过我们什么忙，也不要傻乎乎地四处张扬，这样会使对方陷入尴尬的境地。

不管是在工作中，还是在生活中，做人做事都应该有一个循序渐进的过程。不能一开始让别人吃鸡鸭鱼肉，到后来慢慢让别人吃糠咽菜，这只会把自己之前对别人的好全部毁掉。

立威从严至宽是什么意思呢？就是说，你在树立自己威望的时候，切不可一开始就与下属嘻嘻哈哈，这会让他们觉得你并不比他们强多少，从而在工作中不会认真对待。这个时候，就需要一开始就给他们一个下马威，让他们知道你的厉害，然后再慢慢放宽尺度，让他们感激你的退让和随和。这就是《菜根谭》教给我们的管理技巧，可以说是 CEO 的智慧——每一个欲做大事者都要懂的。

人活脸，树活皮——伤什么都别伤别人面子

原文

攻人之恶毋太严，要思其堪受；教人以善毋过高，当使其可从。

译文

批评别人的缺点不要太严厉，要想想别人是否能够承受；教人做善事，也不要要求太高，要考虑别人是否能够做到，不要使其感到太为难。

对一个中国人来说，生命有多珍贵，面子就有多宝贵。你给他面子，他就会给你一切！可如果伤了他的面子和自尊，他就会对你恨之入骨，彻底把你推向他的对立面！

有一位17岁女孩，好不容易找到一个在高级珠宝店当售货员的工作。圣诞节前一天，店里来了一个中年男人，穿着破旧、满脸悲伤，眼睛一直盯着那些高级首饰，似乎非常想买一个回去。

这个时候，女孩接了一个电话，在其间不小心把一个碟了碰掉了，而那六枚钻石戒指也落到地上。她慌张去捡，但发现只剩下了五枚。她一抬头，发现那个中年男人正急忙往外走。她顿时意识到戒指被他拿去了。

当那人快要出门的时候，女孩柔声道："对不起，先生！"男子转过身

来，两人相视有几十秒之久。“有事吗?”男人在说话的时候，脸上的肌肉在抽搐。

“先生，这是我头一回工作，现在找个工作很难，想必您也深有体会，是不是?”女孩神色黯然地说。

男人看了女孩很久，笑了:“没错，找个工作很难。但是我能肯定，你在这里会做得不错。我可以为您祝福吗?”他向前一步，把手伸向女孩，在握手的时候，他把戒指还到了女孩的手里。

“谢谢您的祝福。我也祝您好运!”女孩说道。

你看，这个女孩因为给了那男人一个台阶，使自己可以全身而退，从而保住了这枚戒指，也保住了自己的工作，就这样让一起盗窃案轻松化解。如果小女孩不这样做，而是大喊抓贼，结果就可能变得非常糟糕。人活脸，树活皮，当你不给别人面子的时候，自己的处境相信也必定极其艰难。

那么，面子是个什么玩意儿呢? 面子就是一个人在众人眼中的形象。给别人留下好的印象，别人对你赞扬，对你恭维，称之为有“面子”;给别人留下不好的印象，别人对你否定，对你批评、漫骂，称之为没“面子”。

古人云:“良言一句三冬暖，恶语伤人六月寒。”爱语才能结善缘。有的人之所以好心没有得到好报，大都因为他在提意见的时候，没有真正意识到别人也是需要面子和自尊的。在为人处世的时候，我们一定要懂得保全对方的面子，如果不照顾对方的情绪，一味撕破脸皮，双方肯定发生冲撞。哪怕以前的关系再铁，也将在眨眼之间变成烂泥。

一对情侣坐公共汽车去郊外旅游，因为琐碎小事，刚才还柔情蜜意的两个人转眼间就发生了争执。女孩大声地说:“喜欢上你这个穷鬼，我真是倒了八辈子霉了!”车里人很多，女孩的声音又很大，大家都侧目观看，窃窃私语。

当着这么多人被骂穷鬼，男孩怎么受得了？他尴尬地看了眼众人，然后挥手打了女孩一个耳光，在下一站独自下车离开了，留下女孩一个人，孤零零地坐在车里哭泣。

当我们批评、指责别人的时候，一定要顾及对方的面子，否则我们就是一个自以为是的傻瓜！

另外，我们还要看对方是否接受批评或提议。如果对方在心理上有很强的排斥倾向，哪怕建议再好，起到的作用也只是零。就像教育孩子，父母总希望孩子做到最好，于是弹钢琴的时候，两三个音节不对，就大训特训；练书法，几个字没写好，就大骂“笨蛋”。这就是对孩子的面子缺乏基本的尊重和重视。这样下去，孩子的逆反心理必定越来越强，哪怕提供再好的精神营养，孩子仍然是越教越坏。要知道，孩子的学习是个循序渐进的过程，怎么可能一夜建成罗马城呢？

在批评或提议时，我们不妨柔和一些。正如《菜根谭》中所说“思其堪受”、“使其可从”。站在对方的立场上，根据当时的具体情况，在对方能接受的前提下进行交流，这样才能达到积极效果。

切忌用情绪化的方式批评别人，千万不要轻易评价对方的人格、兴趣与家庭教养。批评时若能提供解决方案，就更加具有建设性。批评时也不要忘记肯定别人的长处。此外，如果批评时能采用幽默的方法，所收到的效果往往会更佳。

为人处世的大忌——别让固执偏激害了你

原文

舌存常见齿亡，刚强终不胜柔弱；户朽未闻枢蠹，偏执岂能及圆融。

译文

很多老人一张口，你会看见舌头还在，但牙齿已经掉光了，刚硬的东西终究无法战胜柔弱。我们还经常看见门被虫蛀了，但门轴的地方却完好无损。由此可见，偏激固执远远比不上圆融灵活。

记得在中学时候，教我们数学课的李老师，嫉“恶”如仇，最看不惯打架、偷懒和早恋的学生。纠正这些不良习惯，当然是老师义不容辞的职责，但他因为过于坚持原则，任教之后不到一周，就闹出了人命。

一个早恋的女生，和男同学在楼道偷偷接了一个吻，被他发现了。一时火大的他想都没想，就让这名女生罚站两节课，还把她的“丑事”当众讲给全班学生听，警告大家要引以为戒。这下可好，犯错的女生性格刚烈，忍受不了这种屈辱，直接从五楼跳了下去。

李老师就犯了走极端的毛病——这正是为人处世的大忌！操守严明是好事，但如果执行的时候过于偏激，不懂得根据具体情况灵活应变，就必然会造成致命错误。让我们假设一下，如果李老师当时不声不张，下午放学后再单独跟这位女生谈谈心，用聊天的方式了解她的性格与真实想法，然后对症下药，给出合适的建议，效果自然就会好得多。

在这个世界上，很多事情都没有绝对的对与错。如果固守一种模式，一味偏激地为人做事，固执到底，就必然会走进偏激的死胡同。这样的人往往抱着教条原则不肯放手，强加在别人的身上，还自认为完全是为了别人好。其实，他已经犯了为人处世的大忌！他们不管活了多大年龄，都是不懂人情世故的笨蛋。

有句话说："呼唤什么缺什么。"咱们中国人虽然呼唤中庸，但在实际生活中却处处走极端。也正因如此，现在国家又提倡和谐社会，其核心意思就是中庸，让人们不要偏激和走极端。圣人著书立说，言传身教，大力推崇中庸之道，我揣摩有可能就是感觉到这种走极端的危害，以圣人的慧眼洞察到如此下去，将祸及后人，才下决心纠偏修正。但很遗憾，世世代代的华夏子民，一面在学习着圣人的教诲，一面却不知其真谛，继续在做着走极端的事情。

中国还有句成语叫做非此即彼，大意是说一个人在做选择时，要么这样，要么那样；而"这样"和"那样"之间的关系就是"是"与"否"的关系，似乎是难以调和的绝对的对立。事实上，很多时候问题并不是如此绝对，我们总能从中找到一种中庸处理的方法。

美国著名的埃菲尔建筑公司，在承建某山区一条铁道的过程中，遇到一个比较棘手的难题：当工程进行到将近一半的时候，却在铁道的断头处发现了十几棵树，严重阻碍了他们的进度。

摆在他们面前的有两条路：一是，用电锯把这十几棵大树彻底锯掉，给铁道让路。但如果这样的话，树上的鸟儿将失去它们赖以生存的家园。显然，这有悖于公司一贯提倡的"环保、博爱"的宗旨。二是，绕开这十几棵大树，重新选择区域修建铁道。如果这样，既可以与公司的宗旨相吻合，又可以提高公司的信誉，在业界树立良好的社会形象，只是这样一来，公司则会在工程预算的基础上要多出一大笔额外开支。

这确实是一个两难的选择。后来，副董事长约翰在董事长联系不上的情况下作出决定：为了维护公司的形象，宁愿花费巨额开支，也要保护鸟儿的家园，绕道选择区域重新修建铁道。正当大家准备执行他的决定时，董事长劳斯顿从国外回来了。劳斯顿在听取了董事会的情况汇报后，毅然推翻了约翰的第二套方案。当然，劳斯顿也没有选择第一套方案，而是让工程队将这些大树连根拔起，一棵又一棵地平移到距离隧道十英里的地方，并把它们培植起来继续生长。平移这些树，一方面可以让公司的铁道工程继续进行下去，从而避免一笔巨额的额外开支，另一方面，又可以让小鸟继续拥有属于自己的家园，同时，还保持了公司的经营宗旨，维护了公司的形象。

在现实生活中，我们经常会遇到要么“这样”或要么“那样”的选择，令我们头痛不已，这时候，我们试着想一想劳斯顿的这个小故事，辩证地处理一下“棘手”的两难选择，是不是会好一点呢？只要你开动脑筋，总能从这些看似只有走极端的情况下，找到一种两全其美的办法。

规矩是死的，人是活的。如果总是带着“只有自己是对的，别人都有罪”的偏激去做人，必然遭受众人排斥。对我们来说，坚持某种为人处世的标准固然是对的，但如果过于坚守标准，并将之变成一种偏激和固执，用教条主义法则强制推进，那么就会给他人造成伤害。在这个世界上，许多事都要具体问题具体分析，采取灵活合理的方式去执行。

《菜根谭》说：“燥性者火炽，遇物则焚；寡恩者冰清，逢物必杀；凝滞固执者，如死水腐木，生机已绝。俱难建功业而延福祉。”意思就是，一个性情暴躁的人就像炽热的烈火，仿佛跟他接触就会被烧毁；一个刻薄寡恩的人就像寒冷的冰块一样冷酷，仿佛碰到他都会被无情地伤害；一个固执呆板的人，就像静止的死水和腐朽的枯木，毫无一线生机。这些人都难以建立功业，造福于人。

“中庸”这个词，阐释的就是一种做人做事的基本态度，既让我们讲原则，又必须做到不偏不倚，居于中正。不管做什么事，都不能太过分。另外，我们在处世中还必须懂得灵活变通，不能太依着自己的性子，而是要考虑实际情况，做事合情合理，做人适可而止。

祸起多心——天下本无事，庸人自扰之

原文

福莫福于少事，祸莫祸于多心。唯苦事者，方知少事之为福；唯平心者，始知多心之为祸。

译文

最大的幸福莫过于没什么琐事可牵挂；最大的灾祸莫过于疑神疑鬼。只有琐事缠身、苦恼不堪的人才知道少一事的好处；只有平心静气的人才明白多心猜疑是最大的灾祸。

有个乡下绅士来到城里看牙医。医生说要打麻药，那位绅士马上掏出他的钱包。牙医说：“先生，现在不用付钱。”绅士回答：“哦，我只是想确定一下被麻醉前还有多少钱。”

这位绅士就犯了疑心过重的毛病。当然，在社会上行走，保持几分警惕性很有必要，但如果过头就成了“天下本无事，庸人自扰之”。

“天下本无事，庸人自扰之”出自《新唐书·陆象先传》。陆象先经常对人说：“天下本来没有那么多的事，只是庸人自找烦恼，把事情越弄越复杂。处理问题只要能弄清是非，正本清源，事情自然就简单了。”人生中的不幸和祸端，大都因多心而起。如果一个人凡事多心，就会“疑心生暗鬼”，本来很正常的事，也会弄出风波来。

记得读过这样一则新闻：一个自卑的丈夫，因怀疑漂亮的妻子有外遇，整天心神不宁，上班的时候瞎琢磨：她都去哪了？做了什么？然后回到家就开始像审问罪犯似的，对妻子这一天的行踪刨根问底。妻子当然受不了，就跟他吵架。彼此失去了信任，关系越来越疏远，到了水火不容的地步。

后来妻子无法忍受，郑重提出离婚。这时候丈夫的疑心一下变成了“现实”，觉得妻子果然背叛了自己，一定是想跟外面的小白脸远走高飞，现在想一脚把自己给踹了。由疑生恨，由恨生怒，于是当天晚上就对妻子实施暴力谋杀。

等他戴上镣铐，读到妻子写下的日记后才明白，原来妻子在一家广告公司做兼职，为经营这个家一直奔波劳碌。自卑的丈夫这才醒悟：原来错的那个人是自己！因为自己的疑神疑鬼，彻底毁掉了美满幸福的家庭。

由于多心和疑神疑鬼，本来很简单的一件事被搞得越来越复杂。就好像一根简单的毛线，被我们绕来绕去，结果绕成了解不开的乱线团！烦恼和灾祸就是这样产生的。如果一开始我们就保持多一事不如少一事的心态去处理，很多麻烦和悲剧就能避免。

古语云："相由心生，相由心灭。"如果你看谁都不像好人，结果一定会成为众人眼中的"恶人"。你对别人有猜忌，怀疑这儿，猜测那儿，别人发现你的这种心理之后，第一，会主动疏远你；第二，有好处也不念着你。你看，猜忌之心轻易就让你变成孤家寡人了！

一个人如果陷入多心的境地，就会变成不可救药的"庸人"。心里想的多了，迷惑自然就会多，一旦理智失控，就会为自己惹来是非和灾祸。友情、爱情、亲情，都会被搞得鸡犬不宁，生活充满了痛苦。这样的人生不是我们所追求的目标。

人与人之间的关系，就是这么微妙！本来很简单的事情，因为多心，或许就会演化出你根本预想不到的局面。但事后回想，就会发觉责任其实全在自己，还不如避开起初的那一事呢！可是，世上没有卖后悔药的，所以越来越多的人就免不了因多心而招祸。

我们该如何调整这种心态呢？郑板桥有四个字广为流行："难得糊涂。"这四个字不失为一剂良药。生活中，我们不妨多琢磨、多体悟这几个字。何时糊涂，何时又聪明？怎样才不多心，如何才能少事为福？这就需要我们谨守自家田，莫管他家事，尤其是别人的私事不要瞎掺和。除非对方在做违法之事，否则还是睁一只眼闭一只眼，让他们自己解决为好。

不过，我们还应该明白：多一事不如少一事，并非让我们不干事，而是让我们不操无谓的闲心，干好自己手头的分内事。也就是说，我们要用最简单的方法，将最复杂的事情处理好，而不是因自己的多心多事，让原本简单的事情变得一团糟。

诚信是最好的“还魂药”

原文

信人者，人未必尽诚，己则独诚矣；疑人者，人未必皆诈，己则先诈矣。

译文

信任别人的人，虽然对方未必都诚实，但自己首先做到了以诚示人；怀疑别人的人，对方尽管未必是虚伪的，自己却先变成了虚伪的人。

公元前4世纪的意大利，一个名叫皮斯阿司的年轻人被判绞刑，马上要被处死。但他是个孝子，希望自己在临死之前，能与远在百里之外的母亲见最后一面，以表达他对母亲的歉意。

他的这一要求被告知了国王。国王感动于他的孝心，决定让皮斯阿司回家与母亲相见，但条件是他必须找一个人来替他坐牢，如果他到时不回来，就要杀掉替他坐牢的人。有谁肯冒着被杀头的危险替别人坐牢？如果皮斯阿司言而无信，就此逃之夭夭，代替者岂不是自寻死路？不过，皮斯阿司的朋友达蒙站出来说：“我相信你，所以我替你坐牢！”

达蒙住进牢房以后，皮斯阿司回家与母亲诀别。人们都抱着看热闹的心态关注着事情的发展,认为那小子一定会带着自己的母亲逃得无影无踪,怎么可能回来送死?果不其然,皮斯阿司一去不回头,眼看刑期在即,一点影子也见不着。人们议论纷纷,都说达蒙上了皮斯阿司的当,成了可怜的替死鬼。

行刑日是个雨天,达蒙被押赴刑场,围观的人都在笑他的愚蠢。但刑车上的达蒙不但面无惧色,还有一种慷慨赴死的豪情,好像这是一件美差似的,一点都不担心自己今天会被绞断脖子。追魂炮被点燃了,绞索也已经挂在了他的脖子上。有胆小的人吓得紧闭了双眼,他们为达蒙深深地惋惜,那个出卖朋友的小人皮斯阿司,实在太坏了。

就在此时,风雨中突然传出一阵高喊:"我回来了!"皮斯阿司飞奔而来,他没有违背自己许下的诺言,也没有辜负好友达蒙的信任。这个消息宛如长了翅膀,很快便传到国王的耳中。他亲自赶到刑场,要亲眼看一看这位诚实的国民。当他验证了此事的真伪之后,亲自为皮斯阿司松绑,赦免了他的罪刑。

皮斯阿司值得我们肯定,因为他重信守诺,但最值得赞颂的却是对朋友无限信任的达蒙,不管这位身为死囚犯的好哥们是否会真的上演乾坤大挪移,成功利用自己逃跑,他都首先做到了"信任"两个字。自己以诚示人、相信朋友,在信任危机的今天无疑是一种优秀品质。

有人摇头晃脑地说:"这年头还有谁值得信任啊?"确实,骗子无孔不入,让我们不由自主提高了警惕。但从另一个角度看,正因每个人过度小心,看谁都不是好人,才导致大家都没有安全感。

假如你能够反向思维一下,一切问题就清清楚楚了。当这个世界出现严重的信任危机时,诚信就是最宝贵的东西,如果你能够在恰当的时候正确运用它,你就是一个最聪明的人!你就能利用这把诚信的金钥匙打开世界上最丰富的宝藏。因为你手里拥有的诚信，在别人那里都找不到。

这个道理容易理解，就好像农民种庄稼，当大家都种土豆，而不愿种地瓜的时候，地瓜就能卖个好价钱。在信任空前缺乏的时代，如果你懂得诚信的运用法则，懂得在人际交往中什么时候应该诚信，什么时候要慎用诚信，那么你还愁自己在“人际市场”上没有好价钱吗？

芝加哥一场大火烧毁了许多商铺，许多人在一夜之间变得一无所有。可惊人的是，有家商铺一个月后居然重新崛起，营业额也是有增无减。原来这家商铺早年留下的诚信口碑，让许多银行都愿意主动借款给它，而许多老顾客也继续光顾。

由此可见，只有讲诚信的人才能立于不败之地，才有自己的生存空间。作为人类本性中最美丽的那朵花，诚信自古便被人们歌颂赞扬。不讲诚信的人，只能被人唾弃，陷入孤立无援的地步，哪怕家财万贯，位高权重，最终必将落个遗臭万年的下场。

在人生旅途中，你可以丢掉很多东西，但绝不可以丢掉诚信。丢掉了诚信，你终将丢掉一切。反之，如果有了诚信，你即使一无所有也能白手起家。

一个人对谁都不信任，就会把周围的人当成假想敌，这样必然很难找到真正的朋友，同时还会让自己背负沉重的精神负担，长期生活在过分忧虑的氛围之中。事实上，世人都愿意真诚，只是互相担心上当受骗而已。这时，只要你掌握了诚信的运用法则，尽最大可能去播种诚信，怀揣诚信为人处世，相信大多数人也会给你同样的回应，你也就因此多了一个新的朋友以及合作机会。

不过，我们一定要注意——信任对方，并不是让你不问三七二十一就完全托心。如果有人利用你的真诚去作奸犯科，难道你也要毫不犹豫地投怀送抱吗？因此，信任的前提是明辨是非。

第五章

真理在少数人手中
——你无需活给别人看

一只小狼无意间闯进羊群中，很快这只小狼就发现了自己的与众不同，因为它跟身边的羊长相、叫声都不一样。周围的羊显然对这只奇怪的家伙很不友好，因为它的行为方式是那么别扭、格格不入。结果，为了不让自己特别显眼，这只小狼就使劲地压低自己的嗓音、不伦不类地像羊一样在野外啃青草，它有锋利的牙齿，却不知道如何使用，甚至它还像羊一样害怕同类会袭击自己。

这辈子很短，无需活给别人看

原文

饱谙世味，一任覆雨翻云，总慵开眼；会尽人情，随教呼牛唤马，只是点头。

译文

一个尝尽人间酸甜苦辣的人，不管人情冷暖或世态炎凉如何反复变化，都懒得再睁开眼睛去看其中的是非；一个看透了人情世故的人，对于世间的一切批评、赞颂都无动于衷，人们对他呼牛唤马般吆喝，他只是点头，内心深处却始终保持自己的主见。

我们这一生究竟是活给谁看的？现在就必须回答这个问题。先弄清这个问题，再开始自己的人生。

有人或许会说："不是人活脸，树活皮吗？当然是活给别人看的了！"这样的回答固然有其道理，但是，如果一个人总是活在别人的眼睛和嘴巴里，就势必丧失自己的主见和方向。这样一来，就必然不能朝着自己想要的目标勇往直前，最后将很难获得成功，这样的人生也无法在别人眼中赢得尊重。

父子俩赶着一头驴进城，儿子在前，父亲在后，半路上有人笑他们：真笨，有驴子竟然不骑！

父亲听了觉得有理，便叫儿子骑上驴，自己跟着走。刚走几步，又有人议论：真是不孝儿子，自己骑着驴让父亲走路！

父亲于是叫儿子下来，自己骑上驴。走了一会儿，又有人说：这个人真是狠心，自己骑驴，让孩子走路，不怕累着孩子？父亲连忙叫独生子也骑上驴背，心想这下总该没人议论了吧！谁知又有人说：驴那么瘦，两人骑在驴背上，不怕把它压死？

父子俩只好把驴的四只蹄子捆起来，一前一后抬着走，累得气喘吁吁，满头大汗。

要想面面俱到，让每个人都赞同，那是绝对不可能的！因为在做人方面，你不可能顾及到每个人的利益；在做事方面，你也不可能照顾到每个人的看法和立场。由于思维和价值取向都不相同，人们对同一件事会有不同的感受和要求，无论你怎样做，总会有人不满意！

太在意别人的评价和议论，就像凭空在自己面前立一面镜子。如果你老是看着镜子中的自己，姿态是否好看，表情是否自然，这样你就会担心出现让人不满意的地方。说到底，你是活给镜子看，而不是按照自己的内心来活。长此以往，生活就会失去方向，就像激流中的小船，总在漩涡里打旋，迟早会葬身水底。

在这种生活标准下，哪怕你已经做得非常出色，可只要有一面镜子对你打出不及格分，你就惶恐不已，自责自怨。你的心情快乐与否，都要看周围人的眼色。如果老是看别人的脸色过日子，必将活得很累，没有自我的灵魂和欢乐。这样的你，又怎能体会到生活的真味？

我们一定要让自己牢记：你无需活给别人看，而要活给自己看！不管成功还是失败，都是为了实现自己的价值，这是人生的基本态度。不管他人如何待你,我们都应该坦然处之,不受影响。如果过于在乎别人的看法和态度,累及自身不说,也会更加搞坏他人对你的印象。

太在意别人的眼光,有时是因为自己软弱,有时是刻意对大众恭维。如果在生活中你有类似的心态,就需要调整一下了——收回盯着别人的眼睛,审视自己的内心。失意时,不要因别人的眼光而惶惑不安,而是在内心寻找重新站起的力量!

宁做耳聋的青蛙,不做没脑子的人

原文

毋因群疑而阻独见,毋任己意而废人言,毋私小惠而伤大体,毋借公论以快私情。

译文

不要因为大多数人怀疑就放弃自己的独特见解,也别因为自己的好恶而忽视别人的忠言。勿因私利伤害整体利益,更不可借助公众的言论来满足自己的私欲。

提起创业,很多人都会热血沸腾、摩拳擦掌,但最后总是不了了之。为什么?因为他们很难解决最头疼的两个问题——项目和资金。但为什么有了项目和资金后,很多人仍然创业失败呢?

究其原因，就在于信念。少数人能够坚定信念，不受别人眼光和看法的干扰，尽可能地完成目标；而大多数人却因别人的看法半途而废。

一件事情，你本来做得好好的，有个人过来一掺和，说："哎呀，这么做好像不行，你该……"于是，你马上自我怀疑，按照他的思路去做。没有自己的主见，太容易让环境左右，这样的人，即使做一件最容易成功的事情，也注定会失败！

动物王国举行比赛，青蛙们的比赛项目是爬一座高塔。其他动物们都聚集在高塔周围观看，他们不相信参赛的青蛙能登上塔顶，于是有的动物大声喊："别费劲了！你们这些青蛙是不可能到达终点的！瞧你们那小腿，根本没有能力爬上去。"听到这些话，一些青蛙抬头看着高塔，心里不禁阵阵发憷，什么时候才能爬上去啊，按照自己的能力肯定会以失败告终，所以为了不丢面子还是自觉退出比赛吧。

青蛙们纷纷退出比赛，但还是有一部分青蛙坚持了下来。爬到半路的时候，不少青蛙掉了下来，观众们唏嘘一片，青蛙们互相安慰："还是算了吧，爬了一半已经很不错了，还有那么高，肯定还是会摔下来的。"几乎所有的青蛙都放弃了。

让大家惊讶的是，竟然还有一只青蛙坚持往上爬。大家都哈哈大笑，恶毒地嘲讽："真是白费劲，你不会成功的！"可这只青蛙似乎没有听到，依然勇猛地向上攀爬，结果竟登上了塔顶！观众们惊呆了，态度发生了改变，开始对它疯狂赞美、喝彩。

比赛结束后，许多动物不理解这只青蛙为什么可以坚持下来，于是向它请教胜利的秘诀，结果发现——这只青蛙竟然是个聋子！

一个人如果能心无旁骛地去做一件事，哪怕只有微弱的希望，也大都会成功。如果别人一定要说你无法实现自己的梦想，那么你就干脆做一只“耳聋青蛙”吧！

在现实中同样如此，认准一个目标，不要轻易动摇。你要坚信自己的判断，坚持最根本的东西。别人的建议只能作为参考，但不能不假思索就将自己的主见取而代之。公司内部开讨论会，员工们你一言我一语，争论某项工作的做法。如果你对自己的想法有信心，就一定要敢于发言，敢于提出自己的真知灼见。最怕的就是，在别人意见的左右下，你自己先打了退堂鼓。

什么样的人最容易干出一番功业呢？《菜根谭》中说：“至人何思何虑，愚人不识不知，可与论学亦可与建功。唯中才的人，多一番思虑知识，便多一番臆度猜疑，事事难与下手。”意思就是，智慧超凡的人上知天文、下知地理、中察人事，什么都能考虑得清楚明白，知道什么可以做什么不可以做。而那些愚蠢之人因为大脑里的知识不多，一片空白，什么都不知道，什么也不用考虑，直接跟着智者干就可以了。这两种人都容易成就一番功业。唯有中等才能的人，多了一番思考能力，多了一番知识学问，于是干事情的时候就容易考虑多、猜疑多，从而犹豫不决，拿不定主意，干任何事都难以成功。

的确如此，很多人最大的问题就在于想的太多，而做的太少。我们最应该做的是——坚持正确的观点，不受杂言乱语的干扰，朝着一个既定目标不懈努力下去。思维正常的人都明白这个道理，但现实中却又很难做到。这是因为我们太关注他人对自己的评价，太在乎他人对自己的看法和建议，总是在别人的目光中不断校正自己的坐标。今天向前走，明天向左转，不是半途而废，就是半路拐弯。如一头拉磨的驴子，走的路虽然漫长，但只是原地打转，始终抵达不了自己的人生目标。

由此可见，有主见是成功第一要素。不过，我们还要认识到——有主见并不等于固执。当一个人自以为是、刚愎自用的时候，所谓的“主见”其实就成了偏见。偏见越是坚持，对自己和他人的危害就越大。所以，对别人的建议不能全听，也不能不听，而是要经过客观的分析，吸取其中有益的成分，从而让自己做得更好。

在羊群中生活，一只狼还敢认为自己是狼吗

原文

波浪兼天，舟中不知惧，而舟外者寒心；猖狂骂坐，席上不知警，而席外者咋舌。故君子虽在事中，心要超事外也。

译文

波浪滔天时，坐在船中的人并不知道害怕，而站在船外的人却吓得胆破心寒；公共场合有人放肆谩骂在座的人，同席的人并不知道警惕，反而会把站在席外的人吓得目瞪口呆。所以君子即使被某件事卷入漩涡中，但是内心却要抱着超然物外的态度。

一只小狼无意间闯进羊群中，很快这只小狼就发现了自己的与众不同，因为它跟身边的羊长相、叫声都不一样。周围的羊显然对这只奇怪的家伙很不友好，因为它的行为方式是那么别扭、格格不入。结果，为了不让自己特别显眼，这只小狼就使劲地压低自己的嗓音、不伦不类地像羊一样在野外啃青草，它有锋利的牙齿，却不知道如何使用，甚至它还像羊一样害怕同类会袭击自己。

当局者迷,旁观者清。一个人做事最怕迷惑于事中却不自知,这样就可能会把谬论当真理,把错误当正确。战国奇书《韩非子》中曾记载过这样一件事——

庞恭对魏王说:"现在,有一个人说街市上有老虎,您相信吗"魏王说:"难以相信。"庞恭说:"有两个人说街市上有老虎,您相信吗?"魏王说:"我有些怀疑了。"庞恭又说:"有三个人说街市上有老虎,您相信吗?"魏王说:"我相信了。"庞恭说:"街市上明摆着没有老虎,但是三个人说有老虎,就像真有老虎了。如今赵国到大梁的距离,比我们到街市远得多,而议论我的人超过了三个。希望您能明察。"魏王说:"我知道怎么办。"然后庞恭告辞而去。后来魏王仍然听信小人的谗言,日渐远离庞恭。

这则寓言告诉人们,三人成虎,真相会被谣言所遮蔽。所以,如果确定了自我定位和自我方向,就不要轻易地为外物所改变,不要因为某个看法是多数人所推崇的就盲目轻信。凡事务必要多方考察,并以事实为依据作出正确的判断。

周末的时候,丽丽和男朋友去商场买了一件自认为很不错的衣服。但是,周一丽丽穿着这件漂亮的衣服上班的时候,很多同事都提出了相反的意见,比如风格不符、颜色不对,总之好几个同事都这样说。

本来高高兴兴穿着新衣服上班的丽丽,以为会受到大家的好评,但是却得到了这样的结果。于是,丽丽也开始觉得自己的眼光有问题了,回家之后,就把这件衣服放在衣柜的最底层,以后再也不穿了。

为什么丽丽的观点发生改变了呢?难道真的是她的眼光不好么?事实也许并非如此。很多时候,审美只是个人的感觉。但是,由于经过了别人的评价,丽丽就把别人的意见内化成了自己的意见,认为这件衣服真的不好看，甚至她还看到这件衣服更多的缺点，比如做工不精细，遗留小线头等等，于是更加懊恼自己的选衣风格。

生活中，你是不是也有过这种感触呢？你和朋友看完一场电影后，感觉这个电影还不错。不过，还没等你说话，朋友就说出了这样的话："什么啊，还是名导呢，真垃圾！"旁边的人也跟着附和："白白浪费了这么长时间！"于是你口里刚刚含着的"不错！场景、色彩和剧情都很到位！"就生生地咽下去了。于是你听着朋友"针针见血"地剖析电影怎么不好，你也渐渐觉得这个电影的确不是很好，甚至你也会像大家一样，指出一些这个电影不尽如人意的地方。

想过没有，为什么自己最初的意见到了最后竟然因为朋友的话而改变了呢？你的主见是什么时候失去的，而又是什么时候，大家的意见成为了你的意见呢？从潜意识分析，你的内心其实是害怕自己遭到大家的反驳，害怕自己被别人否定。所以，最后你选择了和大家站在一起，甚至为了"迎合"大家的观点，提出了与自己本意相反的论断。在心理学上，这种心理变化被称为"群体极化"。

心理学家发现，一群人在进行决策的时候，往往会比个人更容易向极端倾斜，或过于保守，或过于冒险，最后的决策总是与最佳决策背道而驰。值得注意的是，冒险的决策总比保守的决策要多一些。所以，很多时候，人们总会看到一群人在做一件疯狂的事情。比如战争，最为著名的就是法西斯引发的二战，另外一些复仇团体、宗教狂热分子身上也有群体极化的影子。

那么，为什么群体决策会出现这种极端现象呢？心理学家发现，主要有下面几个原因：

一、责任分化

作为一个决策，参加决策的人越多，承担责任的人越多。所以，也就减少了每个人因为承担责任而带来的压力，当然，人们还会感到自己失败的风险会降低。这也是为什么在进行集体决策的时候,冒险要比保守几率高的原因。

二、人与人的对比

我们总希望自己被大众喜爱和认可,所以,我们就会不知不觉地变成讨好型人格,所作所为下意识地向多数人看齐。

三、信息的影响

生活中,我们总会盲从大多数人的意见。就像我们网上购物,当很多评论都在说这个产品不好的时候,我们即使还没买过,就会下意识地也这么认为。有时评论都是正面的,不可排除有人刷单、自我炒作,不过没关系,我们仍会冲动下单购买。

一般来说,群体极化对于决策并没有什么好处,看看那些疯狂的群体事件就可见一斑。所以,如果你在决定做一件至关重要的事情时,一定要认识到——并非找更多人一起决策就是正确的,群体决策或许存在着更大的盲点,从而引你不知不觉走向失败。

偏听则暗,兼听则明——不要误信他人的一面之词

原文

毋偏信而为奸所欺,毋自任而为气所使;毋以己之长而形人之短,毋因己之拙而忌人之能。

译文

不要因误信他人的片面之词而被奸诈小人所欺骗,也不要自以为是而被一时意气驱使;不要仰仗自己的长处来比较人家的短处,也不要因自己的笨拙而嫉妒别人的才能。

战国时期,有个叫邹忌的人长得很帅。他问妻子:“我与城北徐公相比,谁帅?”妻子毫不犹豫地说:“你帅!徐公怎么比得上你!”他又去问妾:“我与城北徐公相比,谁帅?”小妾怯生生地说:“徐公怎有你帅呢!”朋友有事来求他,他又提出这个问题,朋友笑笑说:“徐公不及你帅。”

有一天,徐公有事前来拜访。邹忌仔细打量,感觉自己确实不如徐公帅。于是他领悟出一个道理:“妻说我帅,是偏袒我;妾说我帅,是敬畏我;朋友则是有求于我。如果只听他们的话,就看不清问题的真相。”

汉代王符在《潜夫论·明暗》中说:“君之所以明者,兼听也;其所以暗者,偏信也。”由此可见,偏听偏信是为人处世的大忌。

如果你是一个聪明人,这个道理很容易理解。你想,如果你每天只吃

一种单调的食物，身体会变得强壮吗？你肯定会因为偏食而营养不良，同样，如果你只听片面之词，将很难搞清事实的真相，永远处于蒙蔽之中。

李君是个很有雄心的人，他工作两年后，觉得自己积累的经验差不多了，各种条件都具备了，市场的机会也很好，就想从公司辞职，打拼属于自己的事业。但是当他决定放胆实现这个梦想时，却听到亲友们忧心忡忡的劝阻：

"能行吗，听说小赵也开了一家类似的公司，上个月刚倒闭，好惨！赔了几十万，欠了一屁股债，老婆都要跟他离婚。"

"反正做了也是失败，别冒险了！"

"你现在的工作挺好，薪水和福利都很好，就不要瞎折腾了。搞不好，你连娶媳妇的老本都赔进去！"

一时之间，反对的声浪纷至沓来。李君犹豫了，他的想法发生了转变：是啊，万一失败了，我会赔个精光，连买房结婚的钱都没了，到时可真是麻烦！想到此，李君已经彻底动摇了，最终他选择维持现在不高不低、安全稳定的生活状态。可是他并不知道，亲友口中那位失败的小赵，只是人们夸张地误传。小赵的公司确实经历过一次重大的波折，但他经过多方努力，调整策略，很快又走上了正轨。

一个本来可以成功的计划就这样夭折了。后悔吗？也许当事人还以为自己避免了一个危机，感激别人还来不及呢？真是可怜！一个没有主见的人，在无意中就被别人玩弄于股掌之上了！所以，我们不管做任何事情，都应该慎重考虑，坚持自己的看法，然后再听取亲人、朋友、同事的建议，尽可能多方面了解他们的意见，但绝不能轻信和盲目跟随，要综合考虑后再做最好的决定。

当你征求别人的看法时，他们往往只是敷衍你随便说说，如此不成熟的建议你怎么能够轻率接受呢？这不是傻瓜行为吗？你要知道，这是你自己的事情，对于你来说可能性命攸关，但对别人来说却是无关痛痒。毕竟事不关己高高挂起，他们会真正对你的问题认真思考吗？换个位置想一想就能得出答案，这是连鬼都不会相信的事情。然而你竟然就相信他们的一面之词，这会让你对本已考虑得十分成熟的方案重新怀疑，然后推翻，陷入犹豫和迷茫之中。一个本可以百分之百成功的项目就这样毁掉了。

纵观历史人物，我们就很容易得出结论。三国时期的刘备、曹操和孙权，是当时角逐天下的主要人物。他们能够号令群雄、逐鹿天下的最大资本，不是自己武力过人，也并非只会流眼泪、装好人，而是善于听取手下人正确的建议。他们能够将部属、谋士的智慧集合起来，最终形成最佳的决策。在各种建议下，他们始终保持清醒的头脑，从不偏信某个人的言辞，而是通过甄别筛选，制定最适合具体形势的方案。

浙江有位做出口生意的陈老板，他白手起家把公司经营到上亿资产的规模。但有一次，他在两名下属不同方案之间做决策时，没经详细调查就采纳了最信任的刘经理的方案，而否定了赵经理的提议。结果，赵经理失望之下，跳槽去了竞争对手的公司。他的方案被这家公司采用，一举成功，获得大量客户的订单。陈老板这才发现，刘经理因嫉妒赵经理的才能，对自己编造了许多谎言，使自己对赵经理产生很坏的印象，从而中了他的圈套。

事实就是如此，如果你总是盲目听信别人的观点，就很容易被小人利用。他们知道你的弱点，更知道你需要什么，不知不觉操纵你于股掌之上。但你又有什么可后悔的呢？这一切都是自己亲手造成的，是偏听偏信的性格缺陷带来的灾祸。作为一个真正聪明的人，一个有主见的人，大都会自己把握问题的关键，别人的话只能作为参考，最后做出决定的必然是自己。

一个真正聪明的人，面对各种看法和建议，永远保持清醒的头脑，不会让自己迷失方向,更不会像风中的芦苇那样左右摇摆。他们总能在复杂的信息中抽丝剥茧找出自己最需要的东西,而对自己不需要的则会装聋作哑、置之不理。这正是智者的行为,也正是成功人士之所以成功的深层原因。

当别人说你屡战屡败,你要坚持屡败屡战

原文

恩里由来生害,故快意时须早回头;败后或反成功,故拂心处莫便放手。

译文

受到恩惠之际往往会招来祸害,所以在得意的时候要早点回头;遇到失败挫折反而有助于成功,所以在不顺心的时候,不要轻易放弃追求。

闲暇时看电视,一个企业管理的节目吸引了我。给我印象最深的是一位创业者与一名成功企业家之间的对话。成功企业家说:“我觉得你是屡战屡败。”其实这句话听起来也没什么不对的地方,因为创业者本人的经历确实如此。但是,创业者的回答却让我茅塞顿开。

创业者回应道:“先生,我想纠正你对我的评价,我不是屡战屡败,而是屡败屡战!”成功企业家愕然不已,继而肃然起敬。

关于屡战屡败和屡败屡战,曾有这样一个故事:清朝的曾国藩曾多次率领湘军同太平军打仗,可总是打一仗败一仗,特别是在鄱阳湖口一役中,连自己的老命也险些送掉。他不得不上疏皇上表示自责之意。在奏折里,其中有一句是:“臣屡战屡败,请求处罚。”有个幕僚建议他把“屡战屡败”改为“屡败屡战”。这一改,效果大变,皇上不仅没有责备他屡打败仗,反而表扬了他,给了他很多支持。

是啊,当别人说你“屡战屡败”的时候,你要坚持“屡败屡战”,这是一个多么浅显的道理!当我们面对失败的时候,完全可以从相反的角度来审视问题。这句话将一个人的奋斗意志淋漓尽致地表达了出来。人就是要有这种不服输的精神!

香港尖沙咀旅游区,一个烈日炎炎的下午,一位饱受烈日暴晒之苦的人,汗流浃背地拎着两大盒领带,疲惫不堪地走在香港尖沙咀旅游区的洋服店一带兜售。他已经辛苦地奔跑了一个下午,跑了十几家店铺,却毫无所获。虽然遭受许多人的白眼,但他并没有放弃。

当他又“高高兴兴”走进一家洋服店时,老板正十分殷勤地招揽一位客人。这个时候,年轻人拎着领带走进店里。洋服店的老板像见到瘟神一样,恶狠狠地把他轰出去。年轻人见自己像乞丐一样遭人呵斥,被人驱赶,一股酸楚涌上心头——原来求别人做生意是这样难!

在工作中,从来没有人来抚慰他、帮助他。他只有独自挑战这样的生活。

舔着流血的伤口,他重新展露笑颜,继续走街串户,兜售领带。

由于敢于面对现实、对事业锲而不舍,他终于成了一个赢家。他就是海内外知名的领带大王——香港“金利来”集团主席曾宪梓。如今,他站到了这个行业的顶端!

失败并不可怕,可怕的是你永远都站不起来!在这个世界上,万事万物都符合物极必反的规律——没有人能够永远挺立潮头,也没有人会失败一辈子。即使失败,我们也决不能让人生平庸。

什么都不做,当然也就什么都不怕,因为永远躲在温室内,风吹不着,雨淋不到。可是,你的人生从此也就失去意义。生活就是这样,只有勇敢去做事,不怕犯错、不怕撞墙,才有机会实现梦想。其实,如果我们的选择是正确的,就算得到失败的经验,也不是坏事,反而是提升自己的契机。

在现实生活中,我们往往会看到这样一种人,他们一旦失败就灰心丧气、怨天尤人,深深迷恋绊倒自己的那个“坑”——这难道不是一种傻到极点的行为吗?请冷静审视一下——这样的你是不是太脆弱,太不堪一击?这样的你,还能做些什么?

一个人能否成功,就在于跌倒之后能否有所领悟,反思自己为什么会摔倒,以后如何才能不犯同样的错误。这时候,你的抉择,你承受挫折的能力,就决定了你未来的命运。要知道,人生不是宽阔的海港,而是埋伏着许多危险的旅程,人生的赌注就在这次旅程中。要想做一个真正的赢家,就必须笑对失败。成功永远属于那些机智、勇敢而有魄力的人。

在这个世界上,有雄心壮志的人很多,他们心里装着一份改造世界的伟大计划,希望社会像自己梦想的那样来运转。当你听他们夸夸其谈时,个个都像完美的理论家,但是真正做起事来,十之八九的人,碰到一点困难就灰心丧气、溜之大吉。出门碰了壁、撞了墙,他们就吓坏了。第一步受挫,就不敢迈出第二步,像鸵鸟把头埋进沙堆,再也不敢面对现实的挑战。遇忧则万念俱灰,遇喜则手舞足蹈,这样的人做什么事情都很难成功。

世事无常,事情不会按照预想的来发展。现在不如意,不代表将来没转机;现在生活安宁、事事顺利,也不意味着将来不会出现波折。对一个人来说,最可怕的就是满足现状、不思进取。因此“喜忧安危,勿介于心”,无论有多少困难,有多少人反对,我们都要坚定自己的信念。我们该做的就是——瞪大眼睛,盯住前方,一步步踏实前进。

千万不要因别人的眼光而迷失自己

原文

冷眼观人,冷耳听语,冷情当感,冷心思理。

译文

用冷静的眼光去观察他人的行为,用冷静的耳朵去细听他人的言语,用冷静的心情去处理事物,用冷静的头脑去思考事理,这样才不会迷失自己。

每个人都生活在特定圈子里,在这个圈子里有各种各样的目光。这些目光如同天罗地网将我们包围,如果你穷困潦倒,或许会觉得到处是别人歧视的眼光,到处都是对自己的嘲笑。当你下定决心要做某件事,会觉得周围人都在表示反对和不信任。这个时候,我们生活得是多么不自在啊!我们无法真正随意起来。毕竟我们都是社会性动物,不可能逃到深山老林当野人。我们必须让自己冷静而勇敢地直面这些眼光。

相信很多人都见过这样的情景:一个女孩和男朋友逛街从来都不牵手,并且还离得很远,要不前后走,要不装作陌生人。为什么?因为女孩很高,男朋友却有些矮,两个人在一起怕引起别人异样的眼光。

你是不是也如此在意别人的眼光?只要别人给个小意见就“诚惶诚恐”,从不考虑到底适不适合自己,就按照“意见”听话地去做了?

为什么你会那么在乎别人的眼光,为什么会因别人的看法而动摇?

其实,这些看法虽然是别人的,同时也是你自己的。就像那个高个女孩的心理一样,因为她自己就是看到其他情侣身高不合,然后投以异样的眼光。中国有句话叫“以小人之心度君子之腹”,用在这里可以叫做“以自己之心度别人之腹”。一个人在心里怎样看自己,那么在外界就能感受到怎样的眼光。西方有句话说:“别人以你看待自己的方式看待你。”

苏东坡和佛印和尚是很好的朋友。有一次,苏东坡去拜见佛印,两个人相对而坐。苏东坡问佛印:“你看我像什么?”佛印说:“我看你像一尊佛。”苏东坡大笑:“我看你却像一堆牛屎。”佛印没有说什么。不久苏东坡就回家了,并和苏小妹说起此事。苏小妹听完并不觉得好笑,她对哥哥说:“佛家讲‘佛心自见’,就是说,你看别人是什么,就表明自己看自己是什么,哥哥看佛印是一堆牛屎,那么看自己也是如此,而佛印大师看哥哥是一尊佛,那么看自己也就是一尊佛。”苏东坡听后大窘。

在心理学上,佛家的“佛心自见”被称为“投射效应”。善良的人,看别人总是善良的,阴险的人看别人总是阴险的。你是什么样的人,就看到什么样的世界。你的格局有多大,世界就有多大。

人本来就是社会性动物,不可能不在意别人的眼光,但我们要认识到,别人的看法只是别人的,并不是你的,所谓“别人的眼光,你的路”。如果你整天问别人,我穿这件衣服怎么样;我的另一半好不好;我要不要给他打电话;要不要和他分手;我是否应该参加培训……这说明你不是一个自信的人。一个自信的人很少这样问别人,虽然他也会参考别人的意见,但更确信自己正确的见解,不会轻易就发生改变。而不自信的人,就让别人的眼光成了自己的标准,他自己只是一台转播别人看法的电视机而已。时间长了,自己懒于思考,养成靠他人指点才能做事的习惯,遇到什么事都要问问别人才敢安心去做,这样岂不成了别人思想的奴隶?

这样的人，很少会获得成功，因为他连自己想要什么都不知道，何谈实现自己的人生理想？这样的人，从小时候开始，一般都是爸爸妈妈安排一切。如果父母明智的话，他或许会幸运；如果父母不明智的话，他就会失去自我意志，变成一具木偶。比如，自己明明喜欢画画，但父母没有注意到他的绘画天分，却让他学钢琴，于是可能成为画家的他，就成为一个只知道几个曲调的半调子。当这个人长大成人，很可能得到一份自己不擅长也不喜欢的工作，每天碌碌无为地度过，然后认识一个同样碌碌无为的另一半，与他（她）结婚生子，在婚后没有主见，全凭对方“定夺”。如果对方同样没有主见，那么他们只能在社会的底层继续听从别人的意见，就这样永远穷困潦倒下去。

不要在甜言蜜语中晕头转向

原文

耳中常闻逆耳之言，心中常有拂心之事，才是进德修行的砥石。若言言悦耳，事事快心，便把此生埋在鸩毒中矣。

译文

常听逆耳之言，常想不顺之事，这恰恰是激励我们做得更好的磨石；假如每句话都好听、每件事都称心，等于把自己的一生都泡在毒药里。

爱听甜言蜜语是每个人的弱点，无论是谁都容易上当。世界上几乎所有的女人都喜欢听甜言蜜语，很多女人正是因为男人的甜言蜜语而上错花轿、搭错了船。《宰相刘罗锅》中的乾隆皇帝就被和珅的甜言蜜语哄得晕头转向，他明明知道对方所言所语都很虚伪，但就是控制不住肚里想听的“馋虫”。在甜言蜜语面前，每个人的肚子里都有不争气的“馋虫”。

甜言蜜语就是一剂毒药，听多了不但心软，腿也会软。整天处在这种甜蜜的环境中，你会以为人间就是天堂，没有阴暗、没有挫折、没有任何反对意见，自己犹如一个至高无上的帝王，这个时候就会看不清自己的问题，早晚会摔个大跟头，跌个嘴啃泥。到那时才发现，原来甜言蜜语害死人，不好听的真话才是自己需要的。

秦朝末年，刘邦率大军攻占咸阳城后，立即跑到闻名已久的秦宫察看。宫室华丽，宝物不计其数，都是他从未见过的，还有许多美丽的宫女向他跪拜。于是，刘邦打算先住下来享受一番再说。

他手下的大将樊哙知道了，赶紧劝阻说：“大王你是想拥有天下呢，还是只想当一个妻妾成群的大富翁？”刘邦说：“废话，我当然想做天下之主！”樊哙说：“你现在留恋的这些，都是导致秦朝灭亡的东西啊！如果你也迷恋这些东西，那么迟早也得灭亡！”

樊哙的话很难听，刘邦很不高兴，于是气哼哼地仍在宫殿里饮酒作乐。无奈之下，谋士张良又跑来了，他对刘邦说：“秦王残暴，百姓造反，所以您才来到这里，为天下除掉暴君。可如今刚入秦地就想享乐，难道要当新的暴君，然后再让别人推翻吗？俗话说得好，正直的劝告往往不顺耳，但是有利于行；汤药很苦，可是有利于治病。希望您能听从樊哙的劝告。”

刘邦终于醒悟过来，出了一身冷汗，马上下令封锁府库，关闭宫门，返回了军营。

如果刘邦不是一个明智的人，就势必听不进刺耳的劝谏。虽然大家全是为大汉江山着想，也极有可能让刘邦恼羞成怒，杀掉他们然后继续享乐。若果真如此，恐怕中国历史就要改写了！因为刘邦无异于让自己成为新的暴君。在当时群雄并起的年代，很快就会被别的英雄所灭掉。刘邦听得进逆耳忠言，服得下苦口良药，这正是他可以击败项羽建立大汉王朝的原因。

在现实生活中，如果你每天听到的全是赞美之辞，或者都是一致认可的声音，请千万不要天真地以为自己无所不能、永远正确，这恰恰说明，你正被别人泡在蜜缸里，正处于慢性自杀的边缘！被人泡在蜜缸里，绝对不是一件值得庆贺的好事，因为在蜜缸泡久了，蜜就成了毒药，把你的意志全都泡软泡散，让你彻底失去对危险的感知力。

唐玄宗时的宰相李林甫，就是一个口蜜腹剑的阴谋家，专门跟那些品德高尚、为人正派的忠臣过不去。他陷害人时，绝不是一脸凶相，而是甜言蜜语、吹捧对方，让对方感觉他是最亲近的人，然后再暗地里找到把柄，拿对方开刀。

我们一定要清醒地认识到，甜言蜜语大都是有毒的。每个人都会犯迷糊，谁都不能保证自己无可挑剔，但只要我们排斥甜言蜜语的干扰，勇敢地喝下苦口良药，就能在最大程度上确保处理事情时正确无误。

不管别人的话有多难听，我们都要让他把话说完，听听他到底想表达什么意思。对各种反对的意见和批评，要冷静地分析，不要因为难听就盲目反驳，而应该站在客观立场上分析事实。哪怕对方说得没有道理，我们也应该抱着“有则改之，无则加勉”的态度，这样才能从善如流，让自己变得更加明智！

第六章

即使天塌下来，也要有一颗从容的心

泰山在眼前崩塌可以面不改色，麋鹿在面前狂舞而眼珠都不会眨一下。一个人不具备这种心理素质就注定无法干大事，无论如何卖力折腾，也只能是养家糊口而已！

顺逆转化定律——钱越多越容易亏本

原文

居逆境中，周身皆针砭药石，砥节砺行而不觉；处顺境内，眼前尽兵刃戈矛，销膏靡骨而不知。

译文

在逆境中，周围其实都是良药，会在不知不觉中磨炼你的意志；而在顺境中，等于面前摆满了销蚀意志的刀枪，让你身心受到侵腐，走向失败还不自知。

一个做风险投资的朋友，曾说过这样的话："如果我手里的资金过于充足，投资的项目就容易亏钱。每次都是在资金紧缺的情况下，投资赚了钱。"朋友不经意的一句话，让我深思了很久。其中究竟藏着什么道理呢？后来，我突然明白——生于忧患，死于安乐。越是在安逸的生活条件下，人生越容易失败；越是在艰难困境中，头脑越清醒，判断力越强，人生反而更容易成功。

东汉大将耿恭，奉皇帝之命救援车师国，被匈奴军队围在疏勒城（今新疆喀什）。由于敌众我寡，而且是在远离汉土的境外作战，没有援兵，耿恭的几千部队很快被死死围困在城中。疏勒城建在天山的北坡上面，城旁有涧水流过，但匈奴人狡猾地切断了水源。

在这种绝境下，耿恭身先士卒，"榨马粪汁而饮"，同时率众在城中掘井取水。在戈壁挖井，谈何容易？一直挖了半月有余还是只见沙土，就在人们快绝望时，终于喷出了一股清泉。靠着这口井，耿恭率领几十个幸存的士兵坚守城池，粮食吃光了，就煮皮革。匈奴人劝他投降，向他许诺"封王，嫁公主"。在如此的逆境中，内无口粮、外无援兵，似乎只有投降一条路。但耿恭越是绝境，意志就愈加坚强。他手刃匈奴的劝降使者，誓死不降。正是凭着这种强大的精神，耿恭和士兵不仅守住了孤城，而且最终等到了汉朝派来的援军。

我们可以想象一下这样的处境——无兵、无粮，坚守一座域外孤城，而敌人的数量多达百倍，轮番进攻。在这样的逆境中，耿恭没有低头，反而越战越勇，最终等到救援，胜利而归，成就历史上不朽的美名。在他面前，困难是一块最好的磨刀石。

逆境才是人生最好的良药！大凡成功的牛人，一定要经历挫折才能得到成功，才能体会到成功带来的酸甜苦辣，才能磨炼出一种好的心态，才能坦然地应对生活中的种种打击。

当我们处事不顺时，感到痛苦压抑是难免的，但对于一个生来就自立自强、不畏艰险的人来说，却是一笔巨大的财富。只要肯坚持，一旦有了转机，就能由逆转顺。

种过地、打过铁、学过厨艺，这就是董书民在从事家具行业之前颇为丰富的经历。16 岁时，种了三个月地后，董书民进一家企业学打铁。1989 年，在家人安排下，学厨艺。在学了一年厨艺后，他感到自己不是那块料，放弃了。

真正的转机发生在 1992 年年底，他开始做油漆生意，掘得了人生第一桶金。一年后，他的资产已达到 10 多万。但 1997 年，一场灾难开始袭击没有任何准备的董书民。他高价进的油漆，售价只有进价的 1/3，而且由于赊欠太多，资金根本无法回笼。"不但把几年赚的钱全赔光了，而且还欠 50 多万的外债，那时几乎想跳楼！"董书民说。

那是他人生中最暗淡的日子。法院查封了家产，有的债主甚至让黑社会来逼债。妻子在医院里生孩子，讨债的跑到医院逼债。但是，董书民还是以平和的心态来面对。他从来不关手机，从来不躲避债主，而是耐心地给他们解释：自己身无分文，即使逼跳楼也不管用。

1998 年下半年，在众多朋友的帮助下，他筹借到 12 万元做家具代理，开始二次创业。这次创业并没有一帆风顺。家具进了商场后，第一个月 1 套也没售出，他考察发现原因在于促销员的能力不行，不会推销。在考察中他还发现一个非常出色的促销员，于是重金挖了过来，每个月 2000 元，承诺以后每月不低于 2000 元，而那时促销员的普遍工资在八九百元。

这个促销员给公司带来了滚滚财源。第一个月销售就达到 35 万，半年后达到 70 万。两年后，他从家具代理延伸到家具生产。2001 年，他开始正式扩张，又在这个厂里投资了 100 多万。

扩张后，他再次遭遇厄运。因质量上出了意想不到的问题，经销商纷纷退货。80 多万的货全部回收到厂里当垃圾卖了！这次让他损失 40 多万，而且 2/3 的经销商不再与他合作，声誉遭到很大损害。

在这种情况下，董书民依然决定投资 500 万建设新厂。新厂房给经销商焕然一新的感觉，再加上他给经销商的承诺——有质量问题无条件退货，并双倍赔偿，经销商重新认可了他。

“其实，人的经历越丰富越好，这样你可以体味不同的人生，”董书民如是说。在失败的时候，很多人会落井下石，很多人会乘人之危，此时关键是你能不能挺住，要学会感动合作伙伴，让他们信任你，这样你才能在失败的基础上继续往前走。

对意志顽强的人来说，挫折是垫脚石，会让他们站得更高，看得更远，使他们可以以更加准确和清晰的眼光来进行新一轮的奋斗。然而，对于那些弱者来说，挫折则成了他们的绊脚石，每一次都会将他们绊得一蹶不振，一事无成。

德国诗人歌德说：“流水在碰到抵触的地方，才把它的活力释放。”仔细斟酌，流水虽然会按照它的性质选择向前平静地流淌，但是如果在这过程中没有石头打断它的平稳，也许这条流水就会一直选择沉静的方式汇入大海。但是，只有浪花的飞溅才让整个水面看上去更有激情，这条河流才显得更有生命力。

在这个世界上，顺境翻船的人很多。对一个意志力差的人而言，优裕的环境往往是堕落的温床——长期处在顺境之中，一个人就很容易失去上进心，最终因脆弱无力栽大跟头。

《菜根谭》中说：“困苦穷乏，锻炼身心。”这就要求我们明白顺与逆相互转化的道理。如果游手好闲不肯奋斗，优越的生活会全部失去。反之，即使处于艰苦穷困的环境中，只要我们拿出干劲，任何难题都能解决。总之不同的心态，决定了我们最终拥有什么样的成就。

不怕死定律——越怕死死得越快，不怕死反能活下来

原文

知成之必败，则求成之心不必太坚；知生之必死，则保生之道不必过劳。

译文

做事有成功就必定有失败，一个人如能洞悉此中道理，凡事就不必过于强求成功；生命有生就必定有死，一个人如能明白此中道理，对养生之道就不必过于强求辛劳。

作为世人，都必定存在共性。其中一个普遍的共性就是——每个人都渴望成功，厌恶失败；渴望长生，畏惧死亡。然而，成功和失败，长生和死亡之间，究竟存在何种关系呢？

在古典名著《三国演义》中，吕布和张辽同时被曹操抓了，吕布不该死，因为武艺高强，曹操又最爱才，本来就没打算杀他。但这家伙怕死，见了曹操就跪地求饶，又要认曹操干爹，又请刘备给他说情。曹操一看吕布怕死，大失所望，认为怕死的人只会投降，对主不忠，再大的本事也没用，结果就把他杀了。

张辽本来是该死的，他的本事不如吕布，当时又没什么名气，曹操根本就没打算留他。但他昂首挺胸，无所畏惧，宁可杀头，绝不屈服。曹操见他不怕死，对旧主忠心耿耿。一个忠心而不怕死的人，本事再小也是有

用的！就把他留了下来。所以你看，不该死的吕布，因为怕死没活成，该死的张辽，因为不怕死反而死不了！

心理学中有一条定律叫做“不怕死定律”——越怕死就死得越快，不怕死反而死不了。如果把这一定律用在更广的范围中解释，就是你越想得到某种东西，最后因为过于紧张反而得不到。当你怀着一颗坦然之心来面对，反而会有意外惊喜。

就像有些癌症患者，明明能活三四年，但听说自己得了癌症，顿时吓得精神崩溃，脑袋里只剩一个“活”字，结果半个月不到就死了。还有的极度恐惧，干脆服毒或跳楼了，病没让他死，他自己先把自己折腾死了。总之怕得越厉害，死得越快！可有的人不怕死，看透人生、超脱世俗，横下心想：“我就这三四年的活头，还害怕啥？怕也没用！”于是干脆豁出去，抓紧时间享乐，活一天就快活一天。他是怎么办的呢？房子卖掉，拿着钱旅游世界各地。风景名胜看个够，哪里好玩就去哪里，什么好吃就吃什么！越玩越开心，不知不觉一年过去了，不但没死，去医院一检查——癌细胞全没了！

这就是“不怕死定律”——只要你不怕，想死都死不了，想败也败不成！

瓦伦达——美国有名的钢丝艺人，他凭借超群的技艺，稳健的身手，深受观众的喜爱。有一次，他应邀为一批尊贵的客人做表演。瓦伦达深知只要表演成功，他的知名度将在上流社会大大提升，因此他非常重视此次表演，在表演前几天就开始详细构思演出的所有细节，甚至连谢幕的动作都排演了好几遍。然而演出当天，他上台后只做了几个简单的动作，就不幸摔下钢丝，不治身亡。

演出失败后，他的妻子说：“我知道他肯定会出事，因为他在出场前总是说，‘这次太重要了，不能失败’。但是以前的成功表演，他只是想着走好钢丝就可以了，根本不去管这件事可能带来的一切后果。”正是这位钢丝艺人对演出成功极度的渴望，才让他无法真正将心思放在走钢丝上，最后“坠丝”失败。后来，心理学家们将这种因渴望成功或者恐惧失败而造成的心理压力称为“瓦伦达心态”。

有句俗话叫“怕什么来什么”。你越是害怕失败,尝到失败苦果的概率就越高;你越想得到某件东西,往往就越难以得到。人们在面对重要的事情时,都会出现这种心态,由此还会常常表现出情绪烦躁、焦虑,并伴有胸闷头晕等生理反应,严重时还可能瞬间失去记忆。

在这个世界上,一切都可能发生。我们在面试、考试、谈判时经常遭遇命运般的“滑铁卢”。事后我们总会问,是准备不足?能力不够?还是运气不好?其实,大多时候是因为满脑失败的想法导致如此。

世间万物的规律就是阴阳对应、互相转化,好事会转变成坏事,坏事也可能是好事的开始。一个人失败了,发热的头脑被浇了一盆冷水,他才能静下来深思自己的路子对不对,办法行不行,才愿意面对自己的缺点,调整自己的策略。正因于此,当他重新上路时,自然就能做得更好。

无论得意还是失意,我们都应该保持一种平和理性的心态。如果一个人能做到宠辱不惊,那么这个人不管做什么都会成功。哪怕是做一个乡下种田的人,都会有一个好收成!

现在你也许要问,有没有什么办法让“瓦伦达心态”永远不要靠近我们?其实,要想摆脱“瓦伦达心态”也很简单。

一、平常心

看到这里你可能觉得有些好笑,怎么可能?!是的,当我们面对一些决定我们命运的问题时,怎么可能会有平常心?如果你真的要这么想,那么你只能成为第二个“瓦伦达”。

一件事情的成功本身就是“谋事在人,成事在天”,我们能做的,只有尽力做好。我们生活中受到了太多“这次一定要成功”的教育,其实通往成功的道路怎么可能就这“一条”呢,大可不必过于看重,我们只需尽力发挥就行了。

二、心理定位

如果你有80分的能力,就不要刻意追求100分的结果,做到80分就是成功的。而当你的目标定到100分,那么你就会承受更多的“压力”去追求100分。如果压力是你不能承受的,那么你可能连80分都拿不到。

有这样一则故事,从反面说明心理定位对我们有多么重要——

1796年,19岁的高斯在德国哥廷根大学就读。每天,高斯要做出导师布置的三道数学题。有一天,他在做一道数学题时,费尽了力气。这道数学题是:用圆规和一把没有刻度的直尺,画出一个正17边形。因为学过的知识都不能解答这个问题,最后他只能用超常规的方法去解开这道数学题。

第二天,高斯把答案交给导师,导师看后大惊:“这是你做的?”“我花了整个通宵才做出来!”“你解开了一个有两千多年历史的数学悬案!”其实,这道数学题是导师一直研究的,但是他却把这道题误交给了高斯。后来,高斯说:“如果知道这道题两千年来无人能解,我可能永远也没有信心解开它。”

三、活在当下

如果你已经有了一生的目标,那么只要专心做好当下就够了。庄子说“外重者内拙”,对于一些事情,把它看得过于重要,赋予太多的意义,那么就会因为“意义”太多,忽视了内容本身。与其为不着边际的“意义”恐慌,不如活在当下,享受过程带来的喜悦。

当你可以有效化解“瓦伦达心态”,以闲庭信步的心态面对生活的时候,你就已经成为一个“随心所欲”的强人了。

笑看世态炎凉——每个人都是趋吉避凶的“自私鬼”

原文

我贵而人奉之,奉此峨冠大带也;我贱而人侮之,侮此布衣草履也。然则原非奉我,我胡为喜?原非侮我,我胡为怒?

译文

我有权势时,人们奉承我,实是奉承我漂亮的官服;我贫穷落难时,人们轻视我,其实在轻视我的布衣草鞋。原本就不是奉承我,我为何要高兴?原本就不是轻视我,我为何要生气?

曾有这样一个令人叹惋的故事,或许你曾在某处读过:

一个女司机开着载满乘客的客车行驶在盘山公路上。车上三名歹徒居然盯上漂亮的女司机,强迫客车停下,要带女司机下车去“玩玩”。女司机情急呼救,全车乘客假装没听见。

只有一名瘦弱男子应声奋起,却被打倒在地。男子气极,大呼全车人制止暴行,却无人响应。任凭女司机被拖至山林草丛。半个时辰后,三歹徒与衣衫不整的女司机归来。

车又将行,女司机要中年瘦弱男子下车。男子不肯,僵持起来。女司机说:“喂,你下车吧,我的车不拉你!”中年男子急了:“你这人怎么不讲道理,我想救你还有错吗?”

“你救我?你救我什么了?”女司机矢口否认,引得几名乘客窃笑。

中年男子气极，恨自己身无大侠之力！救人未救成，可也不该得到被驱逐下车的结果呀，他坚决不下。“再说我买票了，我有权坐车！”女司机扬起脸无情地说：“你不下车，我就不开。”

没想到的是，刚才还对暴行熟视无睹的满车乘客们，现在犹如刚刚睡醒般齐心协力轰那男子下车：“你别闹事，快下去！我们还有事呢，耽搁不起！”有几位力大的乘客甚至上前拖中年男子下车。直到那男子的行李从车窗扔出，他随后被推搡而下。汽车又平稳地行驶在山路上。

车到山顶，拐过弯就要下山了，车左侧是劈山开的路，右侧是百丈悬崖。汽车悄悄地加速了，女司机脸上十分平静，双手紧握着方向盘，眼里淌出晶莹的泪水。

第二天，当地报纸报道：伏虎山区昨日发生惨祸，一辆客车摔下山崖。车上司机和三十名乘客无一生还。半路被赶下车的瘦弱男子看到报纸哭了。谁也不知道他哭什么，为什么哭。

你是否十分憎恨车里的这群乘客？他们麻木不仁，无动于衷，装聋作哑，确实让人恨之入骨。但是你想过没有——如果你也是乘客中的一员，你也恰好遭遇了这一场景，你会如何做呢？你是否会挺身而出与歹徒大干一架？我想也未必吧，说不定你正是其中装聋作哑的一个。

曾几何时，“路见不平没人吼”竟成为一种普遍现象。人们司空见惯地集体冷漠，无论是面对小偷、歹徒，还是其他一些不法分子，敢于站出来吼一声的人越来越少。难道这只是正义的缺失吗？心理学家经过分析发现，“路见不平没人吼”的深层原因，是人们受到社会心理学中“旁观者效应”的影响。

这种社会心理学现象，可以解释为“旁观者介入紧急事态的社会抑制”，也就是面对一种紧急事态，旁观者越多，大家采取行动的几率就越小，意愿也就越少。正因为有其他的目击者在场，才使得每一位旁观者都无动于衷，希望别人站出来解决问题，自己不用承担任何风险。

事实正是如此，我们每个人都是趋吉避凶的“自私鬼”，每个人都怕承担责任。于是，很多人开始感叹世态炎凉。关于世态炎凉，其实并非今天才开始出现。《隋唐演义》中说:“世态炎凉,古今如此。”意思就是,不管你是中国人还是外国人,不管你是古代人还是现代人,反正你都得承认这个“古今如此”的事实。

君不见,天桥上摆摊的算卦先生们,随便弄把胡子就可以充大师,糊弄貌似很精明的人们。为什么可以得逞呢?无非还是人类趋吉避凶的本性使然。世态炎凉,正是这一本性造成。

世人趋吉避凶、嫌贫爱富是再正常不过的事情。这一与生俱来的天性,可不是读了几天《三字经》就可以彻底抹杀和消除得了的。如果你在这个世界上找到一个不曾趋吉避凶的人,我可以毫不犹豫地给你一百万!可惜没有人可以找到。假设一下,在生活和工作中,谁不希望自己得到权力和金钱的青睐呢?对于那些拥有权力和金钱的人,大众普遍采取讨好与媚俗的态度,换个角度看绝对无可厚非——重要的是,我们要用什么样的心态来对待这种现象。

一个人对世态炎凉感受的程度,是随年龄大小和处境不同而变化的,绝非大家都一模一样。我在这里发现了一条定理:年龄大小与处境坎坷同对世态炎凉的感受成正比。年龄越大,处境越坎坷,则对世态炎凉感受越深刻。反之,年龄越小,处境越顺利,则对世态炎凉感受越肤浅。这是一条放诸四海而皆准的定理。

当你有权有钱时,人们巴结你;当你失去这一切时,人们又都嫌弃你。这会产生一种巨大的心理落差,你会因此想不开或者愤愤不平吗?其实,只要明白他们在意的不过是你的财富或权势,而不是你本人,对这种现象就很好理解了,没必要对人们态度的转变斤斤计较,无法释怀。

明朝嘉靖年间,福州有个人叫郑大钧。他考取功名后,就在南京做官。有次他回家探亲,四周乡亲和当地的县吏在几十里外欢迎他,每个人都来拍他的马屁,希望能得到他的赏识,沾沾他的官气。

后来他得罪朝廷大员,丢了乌纱帽,贬回老家务农。这次,郑大钧发现没有一个人迎接他。朋友们见了他都绕着走，生怕沾上他的晦气。还有不少人，聚在他的身后，指指点点笑话他："看，被朝廷一撸到底，光溜溜地回来了！"还有人说："我早知道他不行，没有当官的命！"

郑大钧一笑置之。没多久，朝廷查明他被小人陷害冤枉，于是对他重新启用。当府台的文书送到村里时，消息又一次迅速传开。这回，人们都不好意思上门了，原先弃他而去的那些好友，见他骑着高头大马从身边经过，尴尬地用袖子遮住脸，羞于跟他见面。但郑大钧已看透世态人情，不仅不对他们轻薄憎恨，反而主动下马，将一些不方便带走的家具、书籍等日常用品赠送好友。

对于人情冷暖、世态炎凉，郑大钧的态度就很超然。他知道人们谄媚的是他的权势，讨厌的也是他的穷酸身份，而不是他本人，所以为何要因此而得意或生气呢？如果你能用宽广的心胸来包容别人，也就避开了世态炎凉对自己的"伤害"。

那么，我们如何才能对世态炎凉怀抱一种超然心态呢？《菜根谭》中说："人情世态，倏忽万端，不宜认得太真。尧夫云：'昔日所云我而今却是伊，不知今日我又属后来谁？'人常作如是观，便可解却胸中罥（juàn）矣。"意思就是，人情冷暖世态炎凉，真是错综复杂瞬息万变，所以对任何事都不要太认真。宋儒邵雍说："以前所说的我，如今却变成了他；还不知道今天的我，到头来又变成什么人？"一个人假如能经常抱着这种看法，就可解除心中的一切烦恼。

当你离开原来有实权的工作岗位时，也会遇到这种情况——以前常登门做客的朋友和下属不来了！路上碰到熟人打招呼的时候，对方不像以前热乎了！去其他单位办事时，也不如以前顺利了。有些人因此就想不通，觉得那些人全是势利眼，"原来以前都是奔着我手中的权来的啊，拍的都是马屁，都是骗人，他们根本不尊重我这个人！"有这种想法的人不在少数，甚至有人更加疯狂玩弄权力，犯下后悔莫及的错误。

当我们遇到这种情况时，该怎么办呢？就是要拿得起放得下，有一颗超然的心，理性看待人际交往中许多势利的现象。佛家有云："菩提本无树，明镜亦非台。本来无一物，何处惹尘埃。"用一颗势利之心去看人，就会活在势利之中。只有身在名利场，不被名利缚，保持一颗平常心，才可在拥有财富地位的同时，又不被这些东西迷住心窍！

对于世态炎凉，有个过来人曾诚实地说："任何一个人，包括我自己在内，以及任何一个生物，从本能上来看，总是趋吉避凶的。假如我处在别人的地位上，我的行动不见得会比别人更好！"一个人如果能够这样思考问题，则世间的一切冷暖炎凉均无法加害于他了。

即使天塌下来，也要有一颗从容的心

原文

宠辱不惊，闲看庭前花开花落；去留无意，漫随天外云卷云舒。

译文

在宠与辱面前心态平和，像欣赏院子里的花开花落；对于升迁得失并不计较，就像天上的云聚云散。

人和人之间最大的区别在于内心。内心的强大与否，决定了一个人的格局和担当。北宋思想家苏洵在《心术》中写道："为将之道，当先治心。泰山崩于前而色不变，麋鹿兴于左而目不瞬，然后可以制利害，可以待敌。”意思就是，将帅之道在于内心从容强大。泰山在眼前崩塌可以面不改色，麋鹿在面前狂舞而眼珠都不眨一下。做到了这些，才可以在危急中摆平利害，才可以列阵对敌。

可以说，凡成大事者都必须具备淡定从容的心理素质。一个人如果不具备这种心理素质，就会心神不宁、患得患失，行为举止失去控制。这样怎么能在混乱中寻觅正确的出路和抓住别人都忽视的先机呢？由此可见，一个人不具备这种素质就注定无法干大事，无论在世界上如何卖力折腾，也仅仅可以养家糊口而已！

有一种活动叫做“走火大会”，惊险刺激，专为考验人的心理素质而设。一般在晚上12点左右举行，铺上一道五到八米长的木炭。火花纷飞的木炭看起来就让人想到烤肉架上的烤肉，十分恐惧，给人一种只要脚踏上去，马上就被烫熟的感觉。

有一次我报名参加，在开始走火之前，主持人在旁边淡淡地说：“很多人走不到一半就退出了，因为他们只记住了心中的恐惧，忘了到这儿来想要的是什么！”

我记住了这句话，跟在一名高大男子的身后，他不仅身强体壮，而且看上去也是自信满满。我想，有这样的人在前面引领，我一定可以走过去。脚踏上去以后，并没有烫的感觉，只不过两旁火星飞溅，烤得脸发热、心发慌。我渐渐有些脚软，几乎就要退出去，但这时脑海中想到主持人的那句话，于是定下心神，盯着对面：我要到达对面，喝到胜利的啤酒！

我这样想着，步伐大了起来，渐渐地不再恐惧，很快走了过去。遗憾的是，在我前面的那位男子刚好走了一半，就失神落魄地退出了队伍。

我问他为什么退出了，他失望地说：“有点害怕。”

成功就像“走火大会”，失败的原因恐怕不是力量薄弱、智能低下，而是周围环境的威慑——面对险境，很多人早就失去了平静的心态，慌了手脚，乱了方寸。因为害怕，看似勇猛的男子放弃了本来很简单的一项考验。

《菜根谭》中说：“觉人之诈不形于言，受人之侮不动于色，此中有无穷意味，亦有无穷受用。”意思就是，发觉别人的奸诈不要在言谈中表露出来，遭受人家侮辱时也不要怒形于色。一个人有吃亏忍辱的胸襟，在人生旅程上自会妙处无穷，对前途事业也是一生受用不尽。不管对方说什么、做什么，我们都不要急于表露自己的反应，冷静应对，给自己充裕的思考时间。遇到好事，我们不要得意忘形；碰到难题，也不要急得跳脚，像热锅上的蚂蚁。如果能达到如此境界，以后不管处在什么环境下，我们都拥有翻身的最大资本。

世界上很少有人具备天塌下来也不惊慌的心态，所以成功的人总是少数。回顾一下自己，是否在和陌生人谈话时胆颤心惊？是否在一个陌生的环境中辗转难眠？是否在与人发生摩擦纠纷时暴跳如雷？我曾见过这样真实的一幕——有两位司机在拐弯时车子发生了刮蹭，其中一辆车的后视镜被撞坏了。本来是很小的交通事故，分清责任然后赔偿就是了。谁知这两位司机脾气都很火暴，从车里出来做的第一件事不是有事说事，而是直接大打出手，又扔砖头又抄棍子，都伤得不轻。结果小事变成大事，二人都进了拘留所。这就是声色外露的表现，为什么不平心静气想一想呢？即使你赢了这场“战争”，又能获得多少利益？如此得不偿失，不如息事宁人。哪怕吃点小亏，早早离开做自己最该做的事，才是聪明人的选择！

人际交往过程中，那些心理素质超强的交际高手总能在短短3分钟内让陌生人成为朋友，而那些心理素质较差的人遇到陌生人总无法做到从容，他们拘谨、胆怯，不知如何攀谈，原本准备好的开场白忘得一干二净。在这种不良心态的影响下，一个人要想做点什么事，那真是难上加难。

我们应该如何避免因怯生而造成的尴尬局面呢？这里提供几种方法，不妨一试：

一、问话探路法

把对方假设成一般过路人，然后像问路一样，找一些自己心里有数却佯装不知的问题请对方来回答，这样你就取得了话语上的主动。无论对方的回答对与错，你均需认真地洗耳恭听，即使对方说错了，你也应该“将错就错”地表示谢意。

一旦双方对话的闸门打开，原先那种陌生感就会自然消失。通常情况下，没有人会恶意拒绝一个虚心请教者。只要对方愿意搭你的话，你所预期的社交方案便已经成功了一半。不过，问话探路法只适用于和一个陌生者搭话，若和一个团队接触，则不适用。

二、轻松探微法

和一个陌生人初识，有时只需抓住对方工作或生活的某个细节，就会很顺利地叩开双方沟通之门。

仔细观察你身边的陌生人，看看他们是否有比较特别的地方，比如对方穿着上是否有异族风情的配饰，比如对方使用的手机款式让你非常青睐，比如对方所抽香烟的牌子……谈论这些细节可能立刻吸引对方的兴趣。

聊天最好选择节奏感比较轻松明快、无需费神思量的话题，这样就不会让人对你的搭话产生反感。有时候，即使无语，只需向对方投以会心的一笑，也会拉近彼此距离。

俗话说：“一回生，两回熟。”第一回你就怯生而不语，何来第二回的相熟？要想尽快和一个陌生人相熟，不说话是不行的，但也要看怎么说。面对你一言我一语的探问，可千万别忙着去应答，因为你还没答完一个问题，第二个、第三个问题又在等着了。那么，怎样才能把握好与陌生人对话的契机呢？有几种开门见山的“开场白”，你可以试着用。比如“初来乍到，请大家多关照”；比如“今后我们要一起共事了，我有什么不妥之处，还请各位包涵”；比如“作为新人，能得到大家如此热情招待，真让我感动不已”，等等。

灾祸和穷困往往是锻炼英雄的炉锤

原文

横逆困穷，是锻炼豪杰的一副炉锤。能受其锻炼，则身心交益；不受其锻炼，则身心交损。

译文

灾祸和穷困就是锻炼英雄豪杰心性的熔炉。只要能够经受这种锻炼，那么身心就会有质的飞跃；相反，承受不了这种锻炼，那么对身心来说会是一种损害。

记得有一天，我靠在沙发上欣赏《动物世界》。突然有这样一幕画面触动了我——在苍莽的草原上，长颈鹿妈妈刚生下小长颈鹿，但并没急着去照顾，而是抬起大长腿，踢向自己的孩子。小鹿由于刚刚出世，翻了一个跟头，四肢摊开。这个时候，如果小长颈鹿不能站身起来，长颈鹿妈妈就不断重复地踢，直到小长颈鹿站立起来为止。当小长颈鹿用颤抖的双腿站起，鹿妈妈会再一次将小长颈鹿踢倒。

为什么长颈鹿妈妈竟如此残忍？我们所歌颂的母性光辉哪里去了？

事实上，这正是长颈鹿妈妈更深刻的爱之体现。因为她要让孩子自己站起来，只有这样才能培养它们的独立性，磨炼它们的意志！在大草原上，狮子、狼等野兽都喜欢小长颈鹿，如果长颈鹿妈妈不教会自己的孩子尽快站起来，那么它们很快就会成为野兽口中的美餐。

失败对强者是逗号，对弱者是句号。小长颈鹿们从屡屡受挫的困境中学会了生存的本领，而我们又能从困境中学会什么呢？可以说，困境就像一个宝库，只要你想学，它总有取之不尽用之不竭的智慧。不会从困境中吸取教训的人，成功是遥遥无期的。对于一个渴望成功的人来讲，就应该在困境中锻炼自己，使自己成为一名真正的强者！

在很久很久以前，有个国王很为继承人发愁，因为他只有一个女儿。所以他决定召开一个选婿大会，选出一位最勇敢的青年，让他和公主结婚并继承王位。听到这个消息，全国的适龄青年都赶到首都，准备参加大会。但谁也没想到，国王出了一个非常可怕的题目来考验大家——跳下满是鳄鱼的池子，游到他面前的人才可以娶公主。

虽然诱惑很大，但是鳄鱼也很可怕啊！大家面面相觑，就是没人敢下水。突然，一个年轻人“扑通”一声跳入水中，飞快地向国王游去，好几条鳄鱼紧紧地跟在他的后面。但年轻人游得飞快，有惊无险地爬上了岸。国王非常开心，拉住他说：“你是全国最勇敢的人，我要把女儿嫁给你，现在，说说你的心情吧！”年轻人感谢了国王，然后冲着人群大骂：“谁他妈的把我踢下去的！”

这只是个笑话，但鳄鱼确实是提高游泳能力的好帮手，许多猛士就是在如此困境下产生的。有一个游泳教练的成功秘诀就是在训练池里放几条绑住嘴巴的鳄鱼。队员们看到鳄鱼就在自己身后，游泳速度呈直线上升。为什么呢？这是因为人在困境中才会爆发惊人的力量。

在挫折和磨难面前，我们究竟该如何选择？是退缩，还是勇往直前？面对心爱的另一半，你是否感到紧张，原本准备好的表白在紧张情绪中化为乌有？面对职场上的竞争对手，你是否把机会拱手让给了别人？

如果是这样,那你真的是欠缺一颗勇敢的心!因为你会因此失去本属于你的职位,失去一位很不错的人生伴侣,失去一次大展宏图的机会,也许你会因此偏离本属于你的一条成功道路……每个人都会犯错,但我们绝不能因为怕犯错,就什么也不做,那可是枉活一世!一个勇敢的人,不会害怕艰难困苦的磨炼。如果因为困难而不敢行动,这就像鸵鸟一样把头埋在沙堆里,看上去好像一生从来没有遭遇过危险,但这恰恰是最大的危险——碌碌无为、一事无成,难道不是人生中最大的危险吗?

平静的湖水怎能练就精悍的水手?安逸的生活怎能造出时代的伟人?所以对我们每个人来说——需要的不是平静,而是挫败!只有这样,你才能在泥泞而曲折的道路上昂首挺胸,一步一步强大起来!

莲花生于臭泥,光明生于黑暗

原文

粪虫至秽,变为蝉而饮露于秋风;腐草无光,化为萤而耀采于夏月。因知洁常自污出,明每从晦生也。

译文

粪土中的幼虫是最为肮脏的,可是它一旦蜕变成蝉,却在秋风中吸饮洁净的露水为生;腐败的草堆本身不会有光泽的,可是它孕育出的萤火虫却在夏天月夜里闪耀荧荧光亮。从这些自然现象中可以悟出一个道理,那就是洁净的东西出自污秽之中,而光明在黑暗中孕育。

"为什么黎明前的黑暗总是最黑、最暗的?"学生们一个个抓耳挠腮,却没有一个人回答这个问题。

一个女孩则不假思索地写道:"因为光明就要来了,黑暗使出最后的力气,但它终究是敌不过光明的。"另一个男孩则冷笑着写道:"因为黑暗想要吞噬光明,想要笼罩整个大地。傍晚过后,黑暗总归将至。"

"其实每个人心里都有一个天使,只要你去慢慢了解,就会发现光明一直在你身边。"女孩继续写道。

"其实每个人心里都有一个黑洞,那个洞又黑又深,它将指引你走向黑暗。"男孩继续写道。

由于不同的人生观，男孩和女孩长大后有了不同的人生走向。长大后的女孩成为一家外企的副总裁，而男孩长大后则与黑帮流氓混在一起，最终沦为囚犯，在牢狱中度过自己的余生。

这位女孩坚信黑暗中孕育光明，所以从不堕落悲观。而男孩则认为黑暗深处是更深的黑暗，于是真的堕入人生绝境。有句很经典的话说："莲花生于臭泥，光明生于黑暗。"我们要让自己懂得这一古老的辩证哲学。再美好的东西，也无法脱离它生长的环境而独自存留。光明也总是隐藏在黑暗之中。如果我们总是一味排斥黑暗，那么就只活在自己的白日梦中，永远找不到自己梦中的那个理想天堂。

心理学家马斯洛说："一个人面临危机的时候，如果你把握住这个机会，你就成长。如果你放弃这个机会，你就退化。"古今成功人士，都是在艰难困苦中抓住一个重要机遇，从而迅速成长起来的。

著名演员周星驰，用他搞笑的作品和高超的演技，在数十年的时光里，影响了整整几代人。但很少有人知道，周星驰刚出道的时候，在片场只是一个小小的龙套。而且一跑就是好几年，总是被人瞧不起，被人辱骂。剧组里的人，几乎每个人都可以冲他指手画脚。那几年，可以说是周星驰最黯淡的时光。

换作你我，肯定灰心丧气，用不了多久就转行，彻底离开这种打击自尊的电影行业。但周星驰没有这么做，他只是耐心等待。终于在1989年，他获得参演电影《霹雳先锋》的机会。从这部电影之后，周星驰一发不可收，相继演了多部火爆电影，最终成为华人电影界当之无愧的第一喜剧明星！

事实正是如此，失意不可怕，可怕的是失去自己！困境对每个人来说，都是一种充满机遇的挑战。光明来临之前的夜空，也总是最黑暗的时刻;看似无人问津的古墓里总是埋着最珍贵的宝贝。关键是,你自己会做出怎样的决定?是奋勇前行,还是遇到挫折就茫然退缩?如果你退缩,黑暗的影子很快把你吞没,从头到脚,连一个脚趾都不剩。而迎难而上、坚持到底的人,无一例外都获得了成功。这几乎是颠扑不破的真理。

这个道理之所以无数次地应验,不外乎有以下几个原因:

一、人只有摔了大跟头,才肯进行彻底的反思。所以,失败反而利于找到不足,弥补自身的缺陷。

二、处于低谷的人由于一无所有,头脑最大限度地保持清醒,方向更加明确,行动更加坚决。

三、已经是最坏的局面了,再糟糕还能到哪儿去?这时心态反而放松、没有顾虑,更利于激发全部的潜力。

人世间的很多东西,都不能单一地看待,要学会辩证的方法。《菜根谭》中说:“净从秽出,明从暗生。”意思就是,清洁与污秽是相对的,清洁中未必没有腐物,污秽中未必不出有益的东西。为人处世,要辩证地看待成功和失败。

在此祝愿每一个摸爬滚打的朋友,都不要在黑暗中迷失自己,都能找到属于自己的成功!如果你正遭遇巨大挫折,或者遇到让你伤心的难题,不妨给自己一种轻装上路的心态——我已经没什么可失去的了,还有什么可顾虑的呢?然后,你很快就能实现自己的人生目标——原来钻石就在眼皮底下!

第七章

金自矿出，玉从石生
——武林高手是这样炼成的

小时候，我最喜欢看香港武打电影。看得多了，我发现武林高手们大都有一个共同的经历——先是在江湖中遭遇厉害的对手，被人家打得落花流水，小命差点都报废了。于是逃往深山洞中，开始了漫长而艰苦的修炼，终于修成绝世武功重出江湖，从此天下无敌！

性躁心粗的人一事无成

原文

性躁心粗者，一事无成；心和气平者，百福自集。

译文

性情急躁、粗心大意的人，最后没有一件事情能够做得成功；心地平静、性情温和、默默努力的人，各种福分都会汇集到他的身上。

当全社会都奉行"豪宅、宝马、年入百万"的成功标准时，每个人都将不可避免地陷入追求成功的浮躁中。置身如此浮躁氛围之下，我们很难让自己的这颗心平静下来。

我们不知道这种标准正确与否，唯一可知的是，全社会都在追求所谓的成功，尽管我们并不知道什么叫成功。潜能开发、人脉拓展、身心平衡、执行力、细节、沟通、行销、感恩、励志、提升……我们用尽了所有的方法和词汇来表达迫切成功的心情。

在当下浮躁社会，我们急功近利，幻想一夜暴富。在大多数城市的周末或者傍晚，你经常会看到成群结队的白领忙忙碌碌。他们在某栋写字楼的会议室里、某个酒店的大厅里，热忱地参加培训、讲座、沙龙。在电梯里，我们也经常可以听到这样的对话：

“李老师上次讲的什么课啊？”

“如何在3个月里赚到100万。”

“天啊！我没有听到。”

“不要紧，下星期还有一个分享会，李老师会和他的弟子一起来和我们分享心得。”

这就是很多人正梦想的事——通过一次培训或经验分享，就可以“在3个月里赚到100万”，哪怕没有，赚到50万、10万也是物超所值。

我们何时变得如此迫不及待？又何时把成功简化为金钱的数字游戏？又是何时为这种成功目标定下了急切的时间表？这种浮躁的心态最终会把我们带到哪里去？

记得高三那年，我报名参加了一场全国性作文比赛。如果比赛中能获得一等奖，就可以免试进入名牌大学。这让我兴奋不已，我当时暗暗告诫自己，一定要拿到一等奖！我把希望全部寄托在这场比赛中，期望一举成功。每天心浮气躁，正常的课堂学习几乎无法忍受，因为一旦走捷径成功，这些学习都不需要了。但结果如何呢？想必你也猜到，我并没拿到一等奖，只是勉强得到三等奖。那年高考，我以失败告终。

像我这种浮躁的思维模式，在现实中屡见不鲜。许多人看到周围人都成功了，于是恨不得自己也立刻站到人生的领奖台上。整天幻想一步登天，眼睛盯着空中楼阁——这样一来，越是急于成功，反而越会失败。

相信大家都有过买彩票的经历，幻想好运天降，突然中头奖。但事实上，世界上能有多少人中头奖，一夜暴富？又有多少人能像超级女生那样一夜成名，从此高枕无忧？要知道，垒个窝还要一砖一瓦地去堆砌呢！漫长的人生之旅又怎能一蹴而就呢？

我见过许多害怕艰苦、浅尝辄止的浮躁者，他们不停地跳槽，换行业，在某一领域学点皮毛，就自以为了不起了，然后急着创业，嚷着去干大事。结果三年两年，失败而归。总结教训，就是一个"躁"字惹的祸。你不可能恋爱两天就结婚，生孩子还需要十月怀胎呢，何况我们一生要做的事业？走小路抄捷径，即便可收一时之效，也终究成不了大气候。

有一家公司CEO，他经常在发给员工的电子邮件中写道："学会庆祝每一个小小的胜利，为赢得日常的战斗而欣喜。因为正是你们每个人的小成功，才铸就了公司的大成功！"这位CEO此举的目的，就是让员工摒弃好高骛远的浮躁心态，明白脚踏实地的意义。

孔子说："无欲速，无见小利。欲速则不达，见小利则大事不成。"越是急于求成，心态就越是浮躁，在执行过程中就越容易出错。对于性躁心粗的人来说，一定要牢记——车开快了会发生交通事故，人生过于浮躁，同样一事无成。

先在洞中修炼，再来决一死战

原文

语云："登山耐侧路，踏雪耐危桥。"一耐字极有意味，如倾险之人情，坎坷之世道，若不得一耐字撑持过去，几何不堕入榛莽坑堑哉？

译文

俗话说："登山要耐得住斜坡的考验，踏雪要耐得住危桥的惊险。"面对凶险的人情、复杂的社会，假如不靠"耐"字支撑，有几人能不掉到草木丛生的深沟里呢？

小时候，我最喜欢看香港武打电影。看得多了，我发现武林高手们大都有一个共同的经历——先是在江湖中遭遇厉害的对手，被人家打得落花流水，小命差点都报废了。于是逃往深山洞中，开始了漫长而艰苦的修炼，终于修成绝世武功重出江湖，从此天下无敌！

从一个武林高手的成长经历中，我们能悟出什么成功秘诀呢？毫无疑问，这就是努力和忍耐！一个浮躁没有耐性的人，是绝对炼不成武林高手的，他能学到的也只能是花架子而已，来到"江湖"上，只有被人嘲笑和欺负的份！我们既然都羡慕武林高手的功夫，为什么不去学习人家忍耐的意志和拼搏的精神呢？

凡成大事者，没有一个不曾闭关修炼的。一个人只有埋头，才能出头！埋头是出头的前奏，为出头做积累、做准备；出头是对埋头的回报和奖赏。那些看似一鸣惊人的人们，大都是在长期的默默努力之下，以心血汗水乃至生命为代价才换取成功的。可以说，不想埋头，只想出头，永远不会成功。每一个优秀的人，都经历过一段沉默的时光。那段时光，他们付出了很多努力，忍受了太多孤独和寂寞，但他们从来不抱怨不诉苦。一旦日后说起，这是一段连自己都能被感动的日子。

隋朝末年，隋炀帝杨广十分残暴，各地农民起义风起云涌，隋朝许多官员纷纷倒戈，转向帮助农民起义军。因此隋炀帝的疑心很重，对朝中大臣，尤其是外藩重臣，更是易起疑心。

唐国公李渊（即后来的唐高祖）曾多次担任中央和地方官，所到之处，悉心结纳当地的英雄豪杰，多方树立恩德，因而声望很高，许多人都来归附。于是，大家都替他担心，怕遭到隋炀帝的猜忌。正在这时，隋炀帝下诏让李渊到他的行宫去晋见。李渊因病未能前往，隋炀帝很不高兴，多少产生了猜疑之心。当时，李渊的外甥女王氏是隋炀帝的妃子，隋炀帝向她问起李渊未来朝见的原因，王氏回答说是因为病了，隋炀帝又问道：“会死吗？”

王氏把这消息传给了李渊，李渊更加谨慎起来，他知道迟早为隋炀帝所不容，但过早起事又力量不足，只好隐忍等待。于是，他故意败坏自己的名声，整天沉湎于声色犬马之中，而且大肆张扬。隋炀帝听到这些，果然放松了对他的警惕。这样一来，李渊才有后来的太原起兵和大唐帝国的建立。

当你的实力支撑不起你的野心时，就请隐藏起来默默努力吧！《论语》中说：“小不忍则乱大谋。”我们一定要清醒地认识到——忍耐并非软弱，而是一种策略，让我们有足够的时间来养精蓄锐，这是对命运的默默挑战。忍耐不但不窝囊，反而很明智。不可否认，隐忍也是一种力量，一种让你由弱变强的智慧。西方哲学家柏拉图说："耐心是一切聪明才智的基础。"当你明知自己还是鸡蛋的时候，何必非往石头上砸？不如先躲藏在洞中修炼，修炼成武林高手之后，再出来决一死战！

问问自己，你有这样的勇气吗？为了实现一个目标，不惜放低自己的身价，不惜让自己过一段苦日子。对于这样的委屈，相信许多人都会说"不"，因为他们追求的目标不是忍耐，而是享受。所以，他们一生注定小打小闹，过着既饿不着也发不了财的平庸生活。

我们常会看到有的人在不起眼的岗位上默默努力着，但突然有一天鱼跃龙门，跳到一个更高的位置上，游刃有余地承担起更关键的工作。而另一些人多年来为什么还坐在那个固定的小椅子上？原因就是当他们同时领着极少薪水时，一个在埋头积累使自己终身受益的经验、增强自我办事能力以及开始长远的发展空间，而另一个却利用一切业余时间玩网络游戏，在碌碌无为中错过了机会。

在现实生活中，不是每件事都令我们称心如意，也不是每个人都让我们看着顺眼，总会有烦躁、抱怨或者愤怒的时候。这时我们要咬牙忍住，经得起沟沟坎坎的考验。如果动不动就情绪冲动，没有一点耐性和肚量，这样就算成功来到你身边，也会被你这副"尊容"吓跑！

现实不认可学历，只认可切实的经验和努力

原文

磨砺当如百炼之金，急就者非邃养；施为宜似千钧之弩，轻发者无宏功。

译文

磨砺自己的意志应当像炼金一样，反复锻炼才能成功，急于求成的人，还不具备高深的涵养；做事就像使用千钧之力的弓弩一样，经过努力才能拉动，如果轻率地做事，就不能建立宏大的功业。

有位刚毕业的名牌大学生应聘到一家民营企业，所以，他就成了单位中学历最高的人。一天，他到单位后面的池塘去钓鱼，刚好单位里的两位领导也在。领导们一边聊天，一边钓鱼。大学生简单地向两位领导打了个招呼，然后想："这两个没有文化的土老帽，有什么好聊的呢！"

过了一会，一位领导内急，放下手中的渔竿，蹭、蹭、蹭几下，从水池上跑到对面的厕所。刚来的大学生大吃一惊，莫非这是传说中的水上漂？领导解手归来，继续钓鱼。过了一会，第二位领导也出现内急，蹭、蹭、蹭几下，也踩着水到了鱼池对面。大学生懵了，为何领导都有水上行走的功夫？但好歹自己是名牌大学生，不好意思去问个究竟。

没过多久，大学生像被传染一样，也出现内急。池塘两边有围墙，要想到对面的厕所，需要绕走十分钟的路，而回单位上厕所，路又太远。怎么办？大学生实在憋不住了，也起身往水里跨，心想："我就不信这两个土包子可以过的水面，我堂堂一个大学生过不去！"

只听"咚"的一声，大学生栽进了鱼池。两位领导急忙把他从水中捞出，关切地问："为什么想不开要往水里跳？"大学生苦着脸说："为什么你们可以过去，而我却不能？"领导相视而笑，说："你有所不知，这个池塘原来有两排可以走到对面的木桩。这些天由于下雨，水面暴涨，看不到了。但我们都清楚木桩的具体位置，所以可以踩着过去，而你怎么不问一声就往水里跳呢？"

这个故事说明什么道理呢？很显然，是积累经验的重要性。一个人的学历再高，只能代表过去，并不意味着能力也同样如此。一个人只有不断总结经验，才可少走弯路，顺利成功。而现在胸怀大志的年轻人，总是凭着一股闯劲，在这个世界上疲于奔命，最终的结果往往是一无所获。他们不知道，唯有多积累经验才能将自身的综合能力提高，才能把自身这个"蛋糕"不断做大！

一个人能否把事情做好，不仅靠智商和能力，更需要经验积累。如果有两个人做同样一件事，一个是智商一般但做了十年的普通人，另一个是在该领域毫无经验的聪明人，如果他们比赛的话，你认为谁会取胜？毫无疑问，前者肯定优胜，否则就不会有"熟能生巧"这个词了。

张钰在读大学时，学的是市场营销专业，加上自小就对时装感兴趣，所以在大四还没毕业的时候，她就有自己开一家服装店的想法。由于家庭条件不错，父母也比较支持，给她提供了所有的创业资金，而且所有的工商、税务、财务、店面的装潢都是父母亲手帮她操办的，她唯一需要做的事情就是等着开业就可以了。张钰认为自己找到了施展才华的舞台,发誓要大干一场,三年内开5家分店,挣够自己人生的第一个100万!

但开业还不到三个月,张钰就开始打退堂鼓了。每天没有几个顾客光临,别说赚钱,每天卖的钱,连交房租都不够。如果不是父母支持,早就喝西北风了。而张钰的隔壁,也是一个女孩自己开的服装店,每天都是顾客不断,而且走进她店里的顾客几乎都会买她的衣服,很少有人空手离开。

张钰很是纳闷:论学历,自己是大学生,而那个女孩只是初中毕业;论口才,自己还算能说会道,而那个女孩口音还带有方言;论长相,自己还算得上是美女,而那个女孩只是长相普通……凭什么她的衣服就会比自己卖得好呢?

有一天,张钰实在忍不住了,就拦住从女孩店里买完衣服的顾客,生气地问:“我的店里有和她一模一样的衣服,价格也都一样,为什么你买她的,而不买我的?”顾客笑着说:“我已经是她的老顾客了,她一看就知道我适合哪件衣服,而且她推荐的每一件衣服,我穿在身上别人都说漂亮,但是我来你店里选衣服,你推荐给我的都是不适合的,所以我感觉买她家的衣服更放心。”张钰听了顾客的话,虽然很伤心,但是确实有道理。隔壁女孩的店依然生意红火,自己的店却冷冷清清,半年后,她就关门停业了。

事实正是如此,现实是不认可学历和激情的,只认可切实的经验和踏实的努力。为了积累更多的经验,我们需要调整工作的态度。

在这里,我问大家一个问题——什么样的工作才算好工作?相信很多人会回答:“当然是薪水越高越好!我们努力学习了这么多年,不就是为了能在工作中多赚些钱吗?”的确,我们如此努力学习,谁都希望有一个好的结果。但对真正聪明的人来说,并不是以赚钱多少作为衡量工作的唯一标准。以挣钱多少来选择自己的工作，无疑是目光短浅的行为。

安·傅洁在商学院毕业之后，接受了薪酬最低的工作。几年后最终成为杨·罗必凯公司的CEO。面对采访，她说:“你不能只是从赚钱多少来选择自己的职业。我当然希望能多赚钱，而且这份工作也的确给我带来了不错的收入，但如果只是按照赚钱多少来选择职业，我会踏上一条完全不同的道路!”

如果你是一个志向远大的人，我奉劝你千万不要太在乎自己的学历，也不要关注太多眼前的东西，要学会放眼未来，避免陷入短视的误区。要记住，工作不只是挣钱，而是挣未来。工作不仅意味着生存，更意味着发展，就像射击运动员一样，关注的永远只有一个靶心。你必须清楚，找工作就是寻找适合自己的行业，而不是今天要赚取多少钱。

假如你有雄心壮志，想要做出一番事业，那么请先在工作中积累经验！只要你能在工作中提高自己，为将来的自我发展做好准备，便是最大、最好的回报。这样才能在赚取生存资本的同时，使自己的人生价值得到体现，未来的蓝图也会在工作中明朗起来。

不要做只想要金子却不理会矿石的人

原文

金自矿出，玉从石生，非幻无以来真；道得酒中，仙遇花里，虽雅不能离俗。

译文

黄金从矿山中炼出，美玉从玉石里磨成，不经历空幻就不能得到真理。道从酒杯中悟出，神仙也许能在声色场所遇见，再雅的事物也离不开俗的基础。

记得有一个中央台播放鼓励青年创业的节目，请来成龙发言。成龙拿着话筒说，自己年轻的时候，有一天晚上和元彪一起拍一个镜头，就是两个人从墙头往下跳，跳得腿都疼了。这时导演问，有没有事？成龙和元彪忍着痛，说没事没事。因为一旦说有事，第二天就没有工作了。好不容易拍了十几次，终于通过了。这个时候，分到了一天的工钱，两个人躲在墙后数了数，每人是35块……讲到这里，成龙的眼泪都流出来了。

《菜根谭》中说："金自矿出，玉从石生。"每一个成功人士都是经过艰苦修炼而来的，就好像矿石不经过冶炼就不能成为黄金，玉石不经过雕琢就无法成为美玉一样的道理。每个人都应该明白，既然我们喜欢黄灿灿的金子，就要忍受炼金的过程，没有人可以随随便便成功，我们又怎能轻易省略掉拼搏的过程?

努力到无能为力,拼搏到感动自己!面对人生残酷的挑战,我们必须勇敢面对、迎难而上。不然,我们就是一个懦弱的人,一个缺乏坚强意志的人,一个在困难面前认输的人。这样的人必定与成功无缘,无论做什么都将一事无成。要知道,一个只想得到金子却不把矿石看在眼里的人,其实就是一个“聪明”的傻子。真正聪明的人,都懂得下笨功夫。

有一位二十几岁的年轻人,整天计划让自己的人生像比尔·盖茨那样辉煌,不说成为世界首富,至少也要在中国创办一家拥有亿万资产的大公司。但是令人可笑的是,他连一份普通的工作都找不到。大学毕业以后,他先后去了4家公司,最后都因上班迟到早退被炒鱿鱼。

年轻人对辞退自己的公司非常愤怒。他对人事部经理说:“我警告你,在不久的将来我会创办一家非常大的公司,自己当总裁。你竟然有眼无珠,炒我的鱿鱼,那咱们走着瞧吧!”那位经理笑着对他说:“你连一名合格的员工都做不好,连最基本的人际关系都不会处理,竟然还想自己创办公司,这不就像一个人路都不会走,竟然想跑一样吗?”

年轻人不把普通工作放在眼里,一心只想当大公司总裁,这种心情可以理解,但在现实中的做法无疑是错误的,这就成了一个只想要金子却不肯理会矿石的傻子了。要知道,日常的工作虽然平淡无奇,但就像蕴藏金子的石头一样,我们只有在其中经受千锤百炼,才能成就伟大事业。

一个人要想取到真经,就要经受九九八十一难。唐僧师徒前往西天取经的故事,我们都背得滚瓜烂熟了,但是其中的道理很多人还是没有悟透。很多人仍然只是追求结果,而忽视美好事物产生的过程,不肯付出一丝一毫的努力,只幻想坐享其成。这种浮躁心理是非常危险的,因为这只是公子哥的浪漫想象。如果你没有含着金汤匙出生,做这样的梦就是不可原谅的。你一定要明白:朱元璋不可能生下来就是大明皇帝,他必须经受乞丐、和尚身份的转换和炼狱！在他是和尚和乞丐的时候，认识他的所有人都没有想到他能够达到皇帝的位置！也许他自己在最初也没有料想到，但是他每天都在默默努力着，他的付出换来了光辉耀眼的结果——一个金灿灿的王冠！

关于教育，同样适用于这个道理。以前的教育，我们一味地追求结果，大都忽略了过程。在老师和父母们眼中，孩子能考出好成绩、考上大学，这才是最关键的，其他诸如生活实践方面的教育都可以忽略不计。然而果真如此吗？在应试教育中，我们虽然让孩子学会了知识，但丢掉的却是一生的能力，而这些能力往往是在日常实践中习得的。

标新立异没有错，但别在阴沟里翻船

原文

惊奇喜异者，无远大之识；苦节独行者，非恒久之操。

译文

做事喜欢标新立异、哗众取宠的人，一般没有高远的见识；一个自命清高、特立独行的人，操守也没办法保持长久。

人的本性总是喜新厌旧，正如那句老话说得好“新不如旧”。当我们要踏入一个新的领域，投入新的生活的时候，一定要有理性的分析和周密的安排，要从大局出发，从长远的利益考虑。只有这样，我们所谓的标新立异才会真正体现它的价值，否则就会把自己深深陷入，得不偿失。

明朝洛阳有个商人，一辈子都在经营绸缎生意——把南方的丝织品倒卖到北方，赚取差价。当时南方是全国奢侈品生产中心，量大质优，这项生意虽然奔波辛苦，但盈利一直很稳定。

商人快六十岁的时候，得了一场重病，卧床不起两个多月。临死前，他把所有生意都交到二十几岁儿子的手中，嘱咐道："江南盛产佳丝已经两千年，这是门绝不亏损的生意，你一定要把它守住，一代代地传下去！"说完商人就断气了。

这位少公子满口答应，起初也是谦逊地向店里的伙计请教，还亲自跑了一趟江南，跟当地的作坊主套交情。可父亲下葬还没半年，少公子就开始瞎琢磨了，他想：现在关外匪贼作乱，官军急需优良马匹，兵部也下文，重金求马。这可是地地道道的暴利生意，一匹好马抵得上十匹丝绸！恰巧，他刚结识了一个从关外回来的马匹商人，正好买马也有门路。想到这里，他就真的动心了，迫切想做成这门生意。

在家人和伙计的强烈反对中，他变卖了绸缎庄，成立一家马社，拿着钱和那位马商一起到关外草原买马。谁知刚到关外，就遇上了劫匪。几十万两银子被抢个精光，不仅于此，少公子在搏斗中还搭上了性命。这家生意红火的商铺，由于失去继承人，从此就销声匿迹了。

少公子标新立异，一心想干大事，这个志向值得肯定。但他忘了，做生意不但要考虑盈利，还要考虑风险。当时关外连年混战，事实上已经处于无政府状态。贩马虽然赚钱，但要冒着被土匪劫杀的生命危险。事实证明，这位少公子"创新"的想法很好，最后的结果却很糟糕，连小命都赔上了。

做生意当然需要求新求变，一直活在过去的框框内，永远不去突破，早晚会变得暮气沉沉。但我们要牢记的是——绝不能刻意求变，跟旧的东西完全划清界限。凡是创新,都意味着冒险,如果不经过缜密的调查,不制定详细的计划,不做最充分的准备,就很可能新机会没把握住,原有的本钱也全丢了。

在这个世界上,到处都是标新立异和哗众取宠的人,但成功者却寥寥无几。他们大都属于盲目的创新者,刻意搞怪,陷入一厢情愿的自我幻想中,制定的策略根本不具有可行性。这样的标新立异者,哪怕口号喊得再响亮,也只是镜花水月而已。

成功属于沉默和隐忍的人

原文

伏久者飞必高,开先者谢独早;知此,可以免蹭蹬之忧,可以消躁急之念。

译文

潜伏很久的鸟,飞起来必能飞得很高,开得早的花,必然谢得很快;人只要能明白这种道理,既可以免除怀才不遇的忧虑,也可以消除浮躁急求的念头。

民国时期的走红作家张爱玲,曾说过一句经典的话:“成名要趁早。”这句话误导了不少二十几岁的年轻人,他们以为趁年轻成名、成功才是王道，完全忘记了人生是需要踏实修炼和潜伏的。事实上，张爱玲本人的经历也证明了这一点，张爱玲晚年在美国发展，处处碰壁，最后病死一间阁楼，一个多星期才被人发现。这正对应了《菜根谭》中说的一句话："伏久者飞必高，开先者谢独早。"

年少成功、成名的快事，很多时候是可遇不可求的。真正能成大事的人，往往都是厚积薄发、后发而先至。他们在年少时并不显眼，甚至比同龄人还略逊一筹，但随着岁月的流逝、阅历的增加，他们渐渐显露锋芒，在人生的赛道上实现了超越。

德川家康是一个大器晚成的政治家。他在日本的战国时代能够成功，关键就在于能够做到默默地积攒实力。虽然成名很晚，但他的每一步都走得很坚实。青年时代不当出头鸟，也不主动消耗实力，而是抓紧时间提升自己的政治军事经验，蓄力待发。不信你看，在他年轻时，最大的风光属于织田信长；到他壮年时期，丰臣秀吉独领风骚。而他总是那个不被人注意甚至有些被人瞧不起的人。

后来，狂极一时的丰臣秀吉因为好战冒险，派兵挑战当时无比强大的中国明朝。明朝派出精兵强将，丰臣秀吉不堪一击，遭到史无前例的惨败，随之病死。这时，已经"潜伏"得差不多的德川家康横空出世，顺理成章走上历史的前台。一展才智，统一了日本战国，拉开德川幕府时代的序曲。这时世人才发现，原来在过去的几十年里，德川家康每一年都没闲着，一直在增强自己的实力。

德川家康有一句名言："人的一生就像背负着沉重的行李走路，急躁不得。"这句话可以视为他对自己人生的总结。在不惑之年才登上成功舞台的德川家康，经历了充足的孕育，所以打下的江山持久稳定。这对我们有着很强的启示意义。

少年成功存在运气和偶然因素，与其相比，大器晚成则是可以追求和自我控制的。苏东坡的老爸苏洵，《三字经》中有一句是这样写他的："苏老泉，二十七；始发愤，读书籍。"他当了二十七年的文盲才开始读书，却在历史上留下了苏门三父子的美名，还教出了一个大文学家的儿子。再看看神童仲永的故事，从小聪明无比，长大后却一事无成，这不能不让人慨叹岁月的无情。在成长过程中，时间无时无刻不在起着优胜劣汰的作用，它会考验一个人的恒心、自控力，还有对未来判断和选择的能力。所以，少年天才并不可靠，与他们联系最多的一个词是"昙花一现"。只有那些甘于潜伏和隐忍的人，在残酷的竞争中才能笑到最后。

许多伟大的艺术家，他们的人生也验证了"老当益壮，大器晚成"的道理。这些伟大人物，早年大都颠沛流离，作品不被认可，想法遭到排斥，直到晚年才受到追捧或者重视。艺术大师黄宾虹和齐白石，都是到了晚年才成名的。

2008 年，在北京奥运会开幕式演唱《歌唱祖国》的小女孩林妙可，一曲成名，一夜之间红遍大江南北。有人羡慕说："如果我的女儿也有这样的机会，就好了！"恰恰相反，对大多数人来说，应该庆幸自己的孩子是平凡的，因为过早把孩子抛到大众面前，让她成为一个"优秀得让人嫉妒的人"，是非常危险的。一个孩子从小就面对闪光灯，潜意识中极容易埋下虚荣的种子，而虚荣是一剂毒药，很可能让孩子长大后滑入失败的深渊。如果父母引导不当，再聪明的孩子都会错过人格发展的关键阶段。

我们一定要牢记，上帝总是厚爱那些沉默和隐忍的人。年轻时看到他人风光，我们不必眼红嫉妒，只要持之以恒地做事，积极认真地做人，每个人都会迎来自己的成功！

认清自己的能力底线

原文

事事留个有余不尽的意思，便造物不能忌我，鬼神不能损我。若业必求满，功必求盈者，不生内变，必招外忧。

译文

做事要留有余地，莫用力太过，别做得太绝，这样即使老天爷也不会嫉妒我，鬼神也不能损伤我。如果事事追求圆满极致，则即便自己不出问题，也会招来外部危险。

记得小时候削铅笔，刚开始我总想削成最尖的，结果往往折断。这给了我很深的教训，以后再削铅笔，我都会适可而止，不求最尖了。关于这个道理，老子在《道德经》中曾说："持而盈之不如其已，揣而锐之不可长保。"意思是，对已贮满的器皿，不如停止不注；宝剑打磨得过于锋利，就不能长期保持。同理，如果一个人迫不及待地想将一件事做到完美极致，最后因过于强求，反而导致失败。

世人往往忽视这一点，凡事总是求全求美，绞尽脑汁企图达到终极目标，不顾个人能力的局限。其实，不论何事都应量力而行，因为有上坡就必然有下坡，有上台必然就有下台的一天，事情到了一定限度必然发生质的变化。这就是"天道忌盈，业不求满"的真义。

有一位武术大师隐居于山林中。

听到他的名声，人们都千里迢迢来寻找他，想跟他学些武术方面的窍门。

他们到达深山的时候，发现大师正从山谷里挑水。

他挑得不多，两只木桶里水都没有装满。

按他们的想象，大师应该能够挑很大的桶，而且挑得满满的。

他们不解地问："大师，这是什么道理？"

大师说："挑水之道并不在于挑多，而在于挑得够用。一味贪多，适得其反。"众人越发不解。

大师从他们中拉了一个人，让他重新从山谷里打了两满桶水。

那人挑得非常吃力，摇摇晃晃，没走几步，就跌倒在地，水全都洒了，那人的膝盖也摔破了。

"水洒了，岂不是还得回头重打一桶吗？膝盖破了，走路艰难，岂不是比刚才挑得还少吗？"大师说。

"那么大师，请问具体挑多少，怎么估计呢？"

大师笑道："你们看这个桶。"

众人看去，桶里划了一条线。大师说："这条线是底线，水绝对不能高于这条线，高于这条线就超过了自己的能力和需要。起初还需要画一条线，挑的次数多了以后就不用看那条线了，凭感觉就知道是多是少。有这条线，可以提醒我们，凡事要尽力而为，也要量力而行。"

不管做人还是做事，我们都要牢记——为自己设定一个能力底线，不要苛求自己做勉为其难的事。挑水如同武术，武术如同做人做事，在制定目标时，一定不要脱离自己的实际情况，要循序渐进，逐步实现自己的计划，这样才能避免许多无谓的挫折。

为人处世其实并没有什么秘诀，一个最重要的素质就是克制！如果看见一块田就想播种，遇到宝物就想据为己有，有个念头就想立刻实现，投入所有的心力，最后肯定会过犹不及，精力全部透支耗尽，不出错误才怪。所以，我们必须克制自己求大求全的心理奢望。

很多时候，事情往往不会按照你预想的那样发展。你越想把一件事做到百分百好，就越难心想事成，总会出现各种意想不到的问题，把自己搞得心神疲惫。当我们抱着一颗谦逊平和的心态做事时，内心不去奢求，顺其自然不刻意，反而能更顺利实现目标。

从生活的积极意义来讲，不强求是获得心灵快乐的一种方法。一个奢求太多的人，体验不到幸福的滋味，因为他的眼睛总是盯着实现不了的东西。自己明明是条小蛇，却妄想一口吞下一头大象，在这种心态的驱使下，做人做事都会急功近利，一不小心就会误入歧途。等被大象踩在脚底下时，才蓦然醒悟，可惜再也没有回头的机会了！

第八章

要想钓到鱼，就要先问问鱼儿想吃什么

要想钓到鱼，就要像鱼那样思考。无论你本人多么喜欢草莓，鱼也不会理睬它。只有以鱼本身喜爱的蚯蚓为饵，它才会上钩。

要想钓到鱼，就要像鱼那样思考

原文

责人者，原无过于有过之中，则情平；责己者，求有过于无过之内，则德进。

译文

对待别人要宽厚，当责备别人犯过错时，像他没犯过错一样原谅他，这样才能使他心平气和地走向正路；要求自己要严格，应在自己无过时，设法找出自己的过错，如此才能使自己的品德进步。

一头猪、一只绵羊和一头奶牛，被牧人关在同一个畜栏里。有一天，牧人将猪从畜栏里捉了出去，只听猪大声嚎叫，强烈地反抗。绵羊和奶牛讨厌它的嚎叫，于是抱怨道："我们也经常被牧人捉去，都没像你这样大呼小叫的。"猪听了回应道："捉你们和捉我完全是两回事，捉你们，只是分你们的毛和乳汁，但是捉我，却是要我的命啊！"

有一句话说得好："要想钓到鱼，就要像鱼那样思考。"这是因为在和人交往的时候,往往会出现矛盾,而这些矛盾大都是双方没有彼此理解造成的。由此可见,在与人交往的时候,换位思考多么重要!

戴尔·卡耐基每个季度都要在纽约的一家大旅馆租用大礼堂20个晚上,来讲授社交训练课程。但是有一个季度,他刚开始授课时,房主提出要他付比原来多3倍的租金。而这个时候,入场券已经发出去了,开课的事宜都已办妥。

卡耐基在两天以后去找经理,他首先对经理提高租金的做法表示理解,然后帮他分析了这样做的利弊。他说:"有利的一面:大礼堂不出租给讲课的而是出租给举办舞会的,那你可以获大利了。因为举行这一类活动的时间不长,他们能一次付出很高的租金。租给我,显然你吃大亏了;不利的一面:首先,你增加我的租金,却是降低了收入。因为实际上等于你把我赶跑了,由于我付不起你所要的租金,就得另找地方。"

"还有一个对你不利的事实:这个训练班将吸引成千上万个有文化、受过教育的中上层管理人员到你的旅馆来听课,对你来说,这其实是起了不花钱的活广告作用。请仔细考虑后再答复我。"讲完后,卡耐基告辞了。最后经理让步了。

卡耐基没有谈到一句他要什么的话,整个过程都是站在对方的角度思考问题。然而出人意料的是,最后的结果对他非常有利。所以说,设身处地替别人着想,了解别人的态度和观点比一味地为自己的观点和主张作争辩要高明得多,不管在谈生意还是说服别人的时候都是如此。

当你准备见一个你不太了解的人时,不妨了解一下他目前最得意的事情。没有谁不喜欢听好话,每个人都喜欢享受被人恭维的感觉,所以人的成就越大,就越希望别人能够看到。当你一见面就谈论他最引以为豪的事情,对方当然非常高兴,对你也就会有好感了。由此,我们该明白一句话的含义:“无论你本人多么喜欢草莓,鱼也不会理睬它;只有以鱼本身喜爱的蚯蚓为饵,它才会上钩。”

在现实生活中,你是否经常有这样的体验——因为自己先入为主,常常鸡蛋里挑骨头,不管别人怎么做都是看不顺眼。如果正好与对方曾有过节,那就更是揪住小辫子不放。实际上,我们大多时候都是在错怪对方。这是因为立场不同、处境不同,就很难了解对方的感受,对他人的挫折和伤痛,我们从来不曾进行过换位思考。正如一句俗话所说:“乌鸦落在黑猪上,只见人黑不见已黑。”所以,当我们想责怪别人时,一定要多多反思自己。

有一位婆婆,对刚娶进门的媳妇十分不满,一点差错都会引起她的勃然大怒。不是抱怨媳妇厨艺不精,就是斥责媳妇根本不会料理家务,还经常加班到半夜才回家,也不知是真加班,还是在外面鬼混。这位婆婆甚至把儿子发烧感冒也算到媳妇的头上,抱怨她连丈夫的身体都照顾不好,怎么有资格做老婆?

这天,有位关系比较亲近的客人来家里做客,婆婆又开始借机抱怨媳妇的不是。婆婆隔着玻璃指着阳台上的衣服说:“真不知她妈妈怎么教的女儿,连个衣服都洗不干净,你看看,斑斑点点的全是土!这就是洗了半天的样子,真是白瞎那么多水了!”这位客人听了婆婆的话,向阳台仔细望去,一眼就发现了问题的症结。

他微笑着走过去,用抹布将玻璃擦了擦,然后请婆婆站在原地,再重新看一看那些衣服,呀!转眼间的工夫,它们已经变得洁净无比了。

婆婆这时才明白,不是媳妇洗的衣服不干净,而是自己的心态有问题,戴着一副有色眼镜,优点也看成了缺点。调整心态之后的婆婆,发现媳妇其实特别称职，饭菜做得可口，工作又卖力，家务活一样都没落下。

看似错在对方，其实是自己的心灵蒙上了尘土。“人心隔肚皮”，你不是我，我不是你，但你把我当成你，我把你当成我，这样就换了位，再思考一下……从对方的角度思考问题，很多看似山重水复疑无路无法调和的冲突，很快就能进入“柳暗花明又一村”的局面。

当我们遇到与他人意见不同的时候，不妨换位思考一番。正因人们只从自己角度出发，从不考虑别人在想什么，于是凭空多了许多误解和猜忌。哪怕是自己出的错，也会把错误归咎于对方，将自己树成最正确的标杆，这样的人缺乏自知之明，既刻薄又自私，我们千万不要做这样的人。《菜根谭》中说：“不责人小过，不发人阴私，不念人旧恶，三者可以养德，亦可以远害。”意思就是，不要责难别人所犯下的轻微错误，不要随便揭发他人生活中的隐私，更不可对从前与人犯的过节耿耿于怀、念念不忘。如果你能做到这三点，不但可以培养自己的品德，也可避免遭受灾祸。在现实生活中，因为责人过错、发人阴私而引发的血案实在是太多了，在此不再重复赘述。

如果一个人只看到自己的优点，看别人全是缺陷，这时不禁长叹——为什么世界上到处都是差劲的人？如果你也是这么想，那么将永远生活在苦恼、怀疑和偏见之中，将永远体会不到人生的美好。所以，我们一定要学会换位思考。

反躬自省——为什么有的人屡屡碰壁不能成功

原文

反己者，触事皆成药石；尤人者，动念即是戈矛。一以辟众善之路，一以浚诸恶之源，相去霄壤矣。

译文

一个人能够经常反省自己，遇到任何事情都可以成为使自己警醒的良药；一个经常怨天尤人的人，心中的念头都会像伤害自己的戈矛。一个是开辟众多善行的途径，一个是形成恶行的源头，两者有天壤之别。

关于反躬自省，《论语·学而》中这样记载曾子的言论："吾日三省吾身，为人谋而不忠乎？与朋友交而不信乎？传而不习乎？"意思就是，我每天多次反省自己：替别人做事有没有尽心竭力？和朋友交往有没有诚信？老师传授的知识有没有按时温习？英国诗人布朗宁也对反省精神推崇备至，他说："一个能够反躬自省的人，一定不是庸俗的人！"

为什么有的人在现实中屡屡碰壁，不能成功？大多时候都是因为他们缺乏反躬自省精神，遇到事情总是站在自己的角度思考，什么都是自己对，天下的道理都是为自己设定的。有了冲突、遇到失败就怨天尤人，怪老天没长眼睛，而从来不肯反省一下自己是否存在问题。

一个缺乏自省精神的人，在人际交往中必定会遭遇重重挫折，其人生事业也必定不会太顺利。拿破仑在滑铁卢失利之后说:“我是我自己最大的敌人,也是我自己不幸命运的起因。”确实如此,一个人只要陷入自以为是的深渊,就注定失败,哪怕像拿破仑这样的牛人也同样难逃厄运。

孔子说:“见贤思齐焉,见不贤而内自省也。”就是说,当我们看见有贤德或有才干的人就要想着向他学习,看见不够贤德的人,自己的内心就要反省是否有和他一样的错误。看到别人的优点,要设法使自己具有同样的优点;看到别人的缺点,就要反省自我,看是否存在类似的缺点,从而在反省中完善自我。

清末有名的红顶商人胡雪岩,十几岁时,就在一家钱庄做伙计。有一次,老板派他去一家五年没还款的欠户收钱。这家户主已经死了两年,只剩下一个寡妇。所以,钱很难要上来,以前来过很多人,都吃了闭门羹。老板这次让胡雪岩去,是有意锻炼他。

胡雪岩穿戴整齐,登门拜访。他刚报明身份,寡妇就冷冷地说:“要钱没有,要命一条!”砰,把门关上了。胡雪岩目瞪口呆,在外面转了一圈,心想总不能这样回去交差吧?只好又去敲门。这次,寡妇不客气地扔出一个板凳来。要不是他躲得快,肯定会被砸个头破血流。

事情到这个地步,收账就别想了。胡雪岩闷闷不乐地回到钱庄,老板面无表情地问:“欠款收到了吗?”

胡雪岩不像其他伙计那样倒苦水,也没有怨天尤人,而是说:“今天去了,但没碰见她,我明天再去。”然后,他一边在柜台干活一边反思自己的策略:从那寡妇的装束看,不像没钱的样子,一定是自己太过鲁莽了!或者是以前的伙计态度过于恶劣,引起了她的反感。必须试试别的办法,才能达到目的。

第二天,他又敲寡妇家的门。不过,还没等她有所反应,胡雪岩就主动开口,表明自己这次不是来收债的,而是有别的事情。寡妇一看钱庄的上门却不收债，奇怪地问：“那你有什么事？”

胡雪岩笑着说：“我们钱庄生意兴隆，这多亏了乡亲们的大力支持，所以老板准备推出惠及老客户的一些举措，如果您还需要抵押借钱，在利息上我们会有优惠的。”寡妇听了很是感动，自己欠了五年的钱不还，足足有三万两银子，这个伙计竟然还愿意借钱。她一方面为了继续借钱，另一方面心生惭愧，就把全部欠款给了胡雪岩。

胡雪岩没有把错误归结到别人身上，而是通过反省自我，寻求正确的策略。这才是真正的聪明人所为。一个人只有这样才能弄清问题的本质，并能切实地对症下药，顺利解决面临的难题。这就是胡雪岩之所以成功的原因。许多人不明白这个道理，折腾一生仍一事无成，更可悲的是，他们竟然还把自己一事无成的责任推到别人身上，认为都是别人害了他、连累了他。可以说，这样的人哪怕到临死的那一天，都不会明白自己一事无成的真正原因。

“人不能两次踏进同一条河流”，这是哲学家赫拉克利特的名言。在人类处世学中，如果一个人总是自以为是，即使自己错了也不肯悔改，照这样下去，人生的道路肯定会越走越窄，所犯的错误也会越来越多——这样的人在世上生存下来就已经十分困难，更不要提成功了！

《菜根谭》中有语：“晓梦初醒，群动未起，此吾人初出混沌处也。乘此而一念回光，炯然返照。”意思就是，清晨人们从睡梦中醒来，万物还未复苏，如果能利用这一刻来澄清自己的内心，反省自身的一切，便会解除束缚我们心智的枷锁。这种自我反省的观点是值得我们借鉴和学习的。

“静坐多思自己过，闲谈莫论他人非”，如果一个人能够经常反省自己，遇到的任何事都会成为警醒的良药。做得好时，总结经验；做得不好时，从自身找原因。理性面对生活，谦虚对待他人，这样的人走到哪儿都受欢迎。

尺有所短，寸有所长——不要拿别人的短处说事儿

原文

人之短处，要曲为弥缝，如暴而扬之，是以短攻短；人有顽的，要善为化诲，如忿而嫉之，是以顽济顽。

译文

别人的缺点要委婉规劝，如果到处去宣扬，只能证明自己的无知，是用自己的短处来攻击别人的短处；有人比较固执，要懂得用耐心去启发，如果气愤或痛恨，那就是你在试图用自己的顽固改变他人的顽固。

世界上没有十全十美的人，每个人都或多或少地存在着缺陷。这些缺憾有时是无奈的，因为人的身体发肤皆受之于父母，是你无法选择的。可现实生活中却偏偏有这么一种人，专门拿别人的生理缺陷开玩笑，乐此不疲从未有脸红心跳的时候。比如给脚跛的人起绰号叫“地不平”，把身材矮粗的人叫“武大郎”，把又高又瘦的人称为“筷子”，把头发稀少的人叫“秃驴”。如果一只眼瞎了，叫你“独眼龙”，要是个高度近视，你的绰号就是“瞎子”了。

山东民工齐某和熊某是同村人，又同在一家装饰公司做装修工。一

天，大家吃过午饭聊天时，齐某向其他工友透露了熊某无法生育的隐私，感觉难堪的熊某用力推了齐某一把，使他摔倒在正准备安装的一堆玻璃上，齐某的双臂被玻璃碎片扎伤。经医生检查，齐某的双臂和手指的四根肌腱被割断。

以透露他人隐私为乐，落个这样的下场也是活该！据心理学家研究发现，每个人都有自负心理，这种心理主要表现在——我们都有在背后讨论或宣扬别人缺点的倾向。看到别人缺陷的地方，我们不是带着真诚和善意去帮助，而是背地里揭露、传播。这么做的时候，也许并不是出于什么恶意，就是为了图个新鲜，图个大家一乐。但如果我们站在对方的立场上考虑，就会发现这件事不是那么可乐了，而是一种无法忍受的侮辱。事实上，这种做派不仅是对别人人格的不尊重，更是自己品行的不检点。

当我们宣扬别人的缺陷时，自己身上的缺陷也就暴露无遗。你愿意自己的缺陷被人四处宣扬吗？肯定不喜欢吧？所以“己所不欲，勿施于人”。

在现实生活中，许多人喜欢搬弄是非，专门刺探他人的隐私，将他人难以启齿的丑事宣扬出去。虽然逞得一时的口舌之快，但后果也很严重。如果你是这种人，大家肯定都不愿意跟你交往。这样的人走到哪里都遭人嫌弃，这本身就已经成为一种缺陷。当有人向我们打听某人的信息时，我们应该本着“隐恶扬善”的态度，不要夸大别人的缺点。一个喜欢揭人短的人，他自己的为人也是值得怀疑的，在为人处世的时候，必然要吃大苦头、跌大跟头！

记得我上中学的时候，有个老师脾气很坏，同学们都不敢向他请教问题，因为他总是用不耐烦的态度对待我们的提问。只要我们的反应稍慢，他就会一顿冷嘲热讽，甚至嘲笑我们的智商。后来，很多家长找到学校，向校领导投诉他的所作所为，要求学校进行处罚。这个时候，他才意识到自己所犯的错误。

即使你出于好心帮助别人，也要讲究技巧。如果动不动就说“你真笨”等羞辱性的语言，就必定让人难以接受。这样一来，你虽然帮了别人很多忙，但却一点也不讨好，甚至还遭人忌恨。人都帮了，为什么不让自己落个好呢？这种人说好听点是“刀子嘴，豆腐心”，说难听点其实就是不懂人情世故的“傻瓜”。

做点善事急着让人知道，还不如做了坏事怕人知道的好

原文

为恶而畏人知，恶中犹有善路；为善而急人知，善处即是恶根。

译文

做了坏事怕别人知道的人，虽然是作恶，但还留有通往善良的路径；做了好事却急于宣扬的人，他做善事的同时就已种下了恶根。

一个人做点善事急着让人知道，还不如做了坏事怕人知道的好。

这句话说得刻薄了点，但仔细想想不无道理。一个知善恶、明是非的人，即便做错了事，只要及时回头就能保证不至于堕落太深。浪子回头金

不换，处处受人称道。我们从中可以体悟到——对待犯错误的人，不可一棒子打死，要先观察，看他是不是知耻，知耻能不能后勇。

一个人做了善事却高调宣扬，就等于赤裸裸地暴露自己的求名之心，这种行为就不禁让人感到恶心了。按照《菜根谭》中的说法，一个做了好事却急于宣扬的人，他做善事的同时等于已种下了恶根，因为从那一刻起，他的脑门上已经烙下沽名钓誉的印痕。我们经常看到昨天电视上还在高调报道某人行善，今天此人就已东窗事发，以贪官或奸商的名义沦为阶下囚。他们所谓的行善，原来只是迷惑世人的一种手段。真正境界高深的人，他们行善时往往深藏不露，懂得受惠之人也需要面子和自尊。如果大肆宣扬，在沽名钓誉的同时，也撕破了别人的脸面，等于借别人的疮疤炫耀自己。

清朝末年，晋陕豫三省大旱，持续了好几年，人畜不知饿死多少。就在这时，一个姓常的大商人，突然宣称要耗资三万两银子，修建一座戏台。他说，周围的乡亲，不管是谁，只要过来干活，哪怕搬几块砖头，就可以获得一日三餐。当地旱了三年，他的工程也持续了三年，最后花了多少银两，已经难以计算。

这时人们才明白，修戏台是假，赈灾才是真。之所以不打赈灾的名义，是为了让受助的乡亲有尊严地吃饭，不认为是施舍。这位姓常的商人，既做了大好事，又没刻意为自己捞什么虚名，这才是真正的行善。

《菜根谭》中有段话说："施恩者，内不见己，外不见人，则斗粟可当万钟之惠；利物者，计己之施，责人之报，虽百镒难成一文之功。"意思就是，一个施恩于人的人，不应总将此事记挂在心头，也不应该张扬出去让别人赞美，那么即使只是一斗粟的付出也能得到万斗的回报。一个以财物帮助别人而急于要求回报的人,那么即使付出万两黄金,也难有一文钱的功德。

现实生活中,我们经常会遇到这类人。他平时与你的关系一般,甚至很少说话。突然有一天,他主动提出给你出国旅游的机会,一副热心肠的模样。你正巧在家闲得无聊,于是就出去逛了一圈。等你一回来,还没坐下来喘口气呢,他就开口说话了:“兄弟,我最近有个项目要启动,你能不能帮我找你们单位的××通融一下?”这个时候,你的心里是不是登时像吞了一只苍蝇?原来做好事是假,利用才是真。

反过来思考,如果你帮助他人之后,总是记挂心头,不同这个人的行为一样吗?这样即使你付出再多,也会遭受别人的反感,本想回报你的事情也会就此作罢。很多时候,你无意帮助一个人,原本只是举手之劳、不足挂齿,根本没打算让别人回报。但奇怪的是,突然有一天别人竟连本带利回报于你。

其实,在这个世界上没有谁是真正的傻瓜,每个人的心中都有一个账本,谁帮助过他,都记得一清二楚、明明白白。如果你真的曾经对别人真心付出过,别人肯定不会忘记。如果你真的帮过什么人,就请尽早忘记吧!念念不忘给予别人的好处,只能让你沦为一个斤斤计较的人。

只知道闭着眼睛往前冲的人会死得很难看

原文

进步处便思退步，庶免触藩之祸；著手时先图放手，才脱骑虎之危。

译文

事业顺利时要做好抽身退出的准备，以免将来像山羊被夹住了角，进退两难；事情刚开始做，就要预先谋划何时应罢手，这样才不至于像骑在老虎身上，给自己带来无法控制的风险。

有段时间，一个朋友说《亮剑》这部连续剧很精彩，讲的是抗战时期某位战斗英雄的传奇故事。在朋友的介绍下，我回家仔细看了一遍。剧情确实吸引眼球。在看到最后几集的时候，影片中有句台词吸引了我的注意——“不谋全局者，不足谋一域；不谋万世者，不足谋一时。”这句话让我思考了很长时间，深受启发。

人生一半靠行动，一半靠思考。每走一段路，都应该停下来思考一下、总结一下，这样才能实现质的飞跃。但一个奇怪的现实是，大多数人一辈子都生活在抽一鞭、动一下的“刺激—反应”模式中；还有一些人只知道闭着眼睛往前冲，从来不曾谋全局，更不要提谋万世了！

在芸芸众生之中，真正的天才与白痴都只是极少的一部分，对于大多数人来说，无论是智力还是体力等因素都相差不多。然而，为什么有的人能够脱颖而出成就伟业，而有的人却庸庸碌碌了却一生？为什么本来相差无几的人，却会出现如此巨大的差别呢？

一个美国人、一个法国人和一个犹太人因为各种罪因要被关进监狱三年，服刑前监狱长对他们说："我能满足你们每人一个要求，你们有什么要求尽管提。"美国人爱抽雪茄，他说："那你就给我三箱雪茄吧。"法国人爱浪漫，他说："给我来个美女吧，长夜漫漫，省的寂寞。"犹太人说："谢谢大哥，我只要一部能和外界沟通的电话就行了。"

就这样，每个人都在继续着自己所选择的人生。三年过去了，监狱长打开了大门，美国人第一个就冲了出来，只见他的嘴里、鼻孔里塞满了雪茄，大声地喊道："快给我火，快把老子憋死了！"原来美国人忘了要火了。第二个走出来的是法国人，只见他手里抱着一个孩子，美女手里牵着一个小孩，她的肚子里还怀着第三个孩子。最后，犹太人慢慢踱着步子走了出来，他紧紧握住监狱长的手说："谢谢你啊，大哥，有了这部电话，这三年来我每天都能和朋友保持联系，我的生意不但没停，还增长了很多，为了表示我的感谢之情，我决定送你一辆劳斯莱斯！"

成功人士与平庸之辈的差别，不仅在于天赋或机遇，更在于最初的选择以及是否有未雨绸缪的人生规划。你能看多远，决定着你的未来能走多远。

20 几岁的时候，我们就要想一想——30 岁后自己想达到怎样的境地？这个时候，你必须先为自己的人生设计好登山的地图！要把你的起点标出来，然后把终点标出来，还要把登山中遇到的重要路径标出来！在登山的时候还要有应变的准备，以便在走不通时重新选择另外的路径。只要你手中有一张人生地图，再大的风雨、再多的崎岖，你都能顺利地趟过去，从而走得更远。

人生的设计师不是老天，而是自己！所以，我认为每个人都要提前设计好自己的人生地图。六七年前，一位朋友和我讨论人生设计问题时提出了不同的观点，他认为这种思维模式太累。我当时笑了笑，没有反驳。我知道，如果一个人不去设计自己的人生，就会活得十分茫然，没有自己的方向，这样的话必将活得更累！

有一位博士回国发展，被某银行高薪聘为基金经理。上级告诉他，在正式上班之前，会给他半个月的时间具体了解银行的工作模式。他觉得以自己在国外金融机构工作多年的经验，应对国内落后的金融体系，那还不是小菜一碟？于是，这半个月就成了他临时悠闲的假期，频繁地跟朋友聚会，还去海南岛旅游了一圈，丝毫没把上级给他的资料放在心上。等他回来上班，顿时大跌眼镜，因为国内的工作模式完全出乎他的想象，很先进也很复杂。

这位在海外有过丰富阅历的博士顿时手脚大乱，找到上级真诚地道歉，恳请再给他三天时间，他一定做好最充足的准备。上级笑着对他说："洞中只一日，世上已千年。现在国内的金融业发展太快了，可你还停在十年前的思维模式里，所以抱歉，请你另谋高就吧。"博士只好又恼又悔地离开了那家公司。

在现实中，许多高学历者往往自以为是，不屑做未雨绸缪的功课，以至于在人生路上处处碰钉子、栽跟头。很多人笼统地称之为"命运"，但这是一种不足取的消极态度，正确的做法应该是怎样的呢？我觉得我姑父的方法可以借鉴一下。

几年前，姑父准备开一家盲人按摩院，为确保成功，他不仅在网络、报纸上收集了上百份的资料，而且还前往北京各家大小按摩院去亲身体验，回来记录他们的服务细节以及环境布置。如此精心的策划，如此未雨绸缪，又怎能不成功呢？果然，姑父投资的盲人按摩院一开业就相当火爆，直到今天仍是顾客盈门、应接不暇。

《菜根谭》中说："居安思危，天亦无所用其伎俩矣。"意思就是，做什么事都应该提前筹划，而且平安之时不忘危难，那么就连上天也没有办法施加诡计。如果一个人能够做到未雨绸缪、居安思危，当危险到来时就不会手忙脚乱、束手无策。然而遗憾的是，许多人只知道闭着眼睛向前冲，当意外突如其来，只能听天由命。现实就是这样，不可能每件事都在我们的掌控之中，总有意料不到的风险。如果没有料敌机先的智慧、处进思退的预谋，当这些不测因素发生时，我们就会面临困境。

许多事情都说明了这个道理，并非只有硬着头皮往前冲这一条路。当发现此路不通时，及时后退就成了最明智的选择。不然，万一发生疏漏，"篱笆"夹住了你的"山羊角"，顶不过去，退不出来，骑虎难下之势一成，那就太尴尬了！

居安思危，处进思退，需要我们认真把握几点：

不做无准备之事。做什么事都要有长远考虑，以"不谋全局者，不足谋一域；不谋万世者，不足谋一时"为自己的座右铭，先计划，后行动。对可能发生的意外，全部做到胸中有数，并提前拟定应对方案。

做事随机应变，灵活应对。根据事情发展的具体情况，做出适当的调整，让步伐始终处于正确的轨道。也就是说，做事是为了成事，固执不可取，犹豫也不可行，必须知进知退、灵活应对。千万不可硬着脖子闭着眼睛往前冲，哪怕前面是一堵铜墙铁壁也非要碰个头破血流，这就等于傻子行为了。

才华是老虎的牙齿，品德则是坚固的笼子

原文

德者才之主，才者德之奴。有才无德，如家无主而奴用事矣，几何不魍魉猖狂。

译文

品德是才能的主人，而才能只是品德的奴婢。如果一个人只有才干学识却缺乏品德修养，就好像一个家庭没有主人而由奴婢当家，这哪能不胡作非为、狂妄嚣张呢？

记得曾有这样一则新闻：两位中国女士，在乘飞机的时候，不知为何吵了起来。开始用汉语吵架，后来其中一位用日语骂对方，而另一位马上用日语进行还击；那位女士又改用法语骂她，她又以法语还击；接着她又改用英语骂人，那位被骂者毫不示弱，又用英语还击……真是语惊四座，看呆了乘客，更看呆了机上的外国人！

听完这个故事，我们不能不感叹——人才啊！只可惜她们的才华和表现形成了强烈的反差，真是有才无德，应该补上一课。

我不禁想起另外一件事。有次我去上海，在北京—上海的火车上，我正与邻座说话间，忽然觉得右肩上有了重量，回头一看，是一只脚正踩在

我的肩膀上。只见一个年轻的女孩，踩着卧铺旁的梯子爬向上铺，干脆拿我的肩膀当阶梯了。半天过去了，她竟然若无其事连一点歉意的表示都没有，我心里相当郁闷。后来，听她和同行的小伙子聊天得知，她是某名牌大学的应届毕业生，正要去美国留学。和她聊天的小伙子，是在英国留学两年后回来探亲的。

经历这些事情之后，我更加坚定地认为，学历和道德没关联。学历高不代表有高尚的道德，学历低也不代表道德水平就低。一个没有品德的人，才华越高，能力越强，对社会造成的危害就越大。正所谓“才华是老虎的牙齿，品德则是坚固的笼子”。锋牙利齿的老虎，如果没有笼子的束缚，后果怎会不严重呢！

品德和学历没什么关系，那和什么有关系呢？我想关键在于家教，特别是小的时候，很多习惯及想法都是那时形成的，小孩模仿能力强，学好学坏都很容易。什么是应该做的什么是不应该做的，孩子完全受到大人价值观的影响。比如现在很多大人认为钱是万能，所以自己小孩打了人，然后说不就赔点钱吗？甚至还说自己家的小孩厉害。退一步说，就算大家都认为钱是万能的，父母也不能如此教导小孩。

当看到衣着破烂的乞丐把一把零碎的钱塞进捐款箱，又看到那些所谓的有身份的人拿着他人的救灾款在饭店吃喝，看官们是否还会认为才华和品德有关系？

如果我们公司来了两名应聘的员工，一个有才无德，一个有德无才，我会毫不犹豫地选择有品德的那个。这是因为有责任感的有德之人必将认真工作，而一个有才无德之人，有一天必对公司造成严重危害。《菜根谭》中说：“德者，事业之基，未有基不固而栋宇坚久者。”意思就是，德行是一个人事业的根基，正如兴建高楼大厦，从来不会有地基不坚固而耐久的房屋。事实的确如此，一个人没有才华不要紧，可以通过读书、培训等方式得到迅速提升，而品德修养却需要长久的磨炼与积累，需要在生活中潜移默化。

那么，一个人需要具备的品德都有哪些呢？具体来说有以下几点：

礼仪。《左传·昭公二十五年》中说："夫礼，天之经也，地之义也，民之行也。"一个不知礼、不懂规矩的人谁会喜欢呢？一旦开口说话，给人的第一印象就很差，更甭提深入交往、精诚合作了。

责任。责任意味着付出，所以在关键时刻，人最容易逃避责任。现在的社会并不缺少有能力的人，但真正需要的则是既有能力又有责任感的人。从某种程度上说，责任承载着能力，责任胜于能力！

诚信。骗子是人们最讨厌的，只有讲信用的人，才能交到更多的朋友，获得更多的资源。一个诚信的人，无论做什么事都会比较顺利。经常出尔反尔的人，走到哪里都会被人提防。

谦让。设身处地为别人着想，别人才会乐意为你服务。东汉年间，甄宇被封为博士（当时一种官职名）。按当时旧例，每年腊月祭祀后，皇帝要赏赐给博士每人一头羊。羊有大小肥瘦，大家一时不知该怎么分，有人建议杀了羊分肉，有人说抓阄。甄宇前去牵走那头最瘦小的羊，于是再也没人争了。光武帝刘秀因这件事记住了他，而且屡次提拔。

以上这些品德，跟聪明才智同等重要，缺一不可。有才无德之人，谁敢放心跟他交往？既不能当朋友，也不可委以重任。只有德才兼备的人，才能在人生路上走得长远。

过于抠门是跟自己过不去

原文

俭，美德也，过则为悭吝，为鄙啬，反伤雅道；让，懿行也，过则为足恭，为曲谨，多出机心。

译文

节俭是一种美德，但过于节俭就是吝啬，成为斤斤计较的守财奴，反而损害人际交往的雅趣；谦让是一种高尚的美德，但过于谦让就是卑躬屈膝，显得谨小慎微不够大气，反而多出巧诈的心思。

在对吝啬这种习性的评价上，中国人执行的是双重标准：女人抠门，可能被褒扬为“会过日子”；男人小气，却一概被贬为上不得台面的毛病。

一个人对待金钱的态度，在很大程度上决定着他的生活方式和人际关系。大手大脚、挥霍无度固然不好，但过于抠门儿、只挣不花的理财方式容易影响当事人的生活质量，甚至危及其生存与发展。至于配偶之间，由于朝夕相处，共同生活，如果一方过于抠门儿，而另一方难以接受，则有可能淡化彼此之间的爱意，平添无谓的矛盾和纷争。

心理学研究揭示，过高估计生活风险，过于缺乏安全感，是导致人们产生吝啬心理的诱因之一。人对金钱的态度，往往与其生活经历有关。不同的个体，差异可能是显著的，即使亲密如夫妻也不例外。据我观察，一些人表面上是因为不善交际而导致人际关系危机四伏，事实上却是因为过于抠门儿付出的代价。

我曾在网上看过这样一篇声讨抠门男友的帖子，反映的问题不可谓不尖锐——

昨晚和男朋友吵架了，吵架的原因很简单，因为我想买衣服、做头发（差不多两年了，这期间我从来没有做过头发，修剪的次数也很少，梳了个马尾）。在家乡这个小城市，我们的收入虽然不多但也算中等，我和男友的工资差不多，因为去年刚毕业又还了一笔贷款，所以也没有存款。男朋友生活很简朴，从来不乱花一分钱，这和他家庭环境也有关系，他家里有些穷吧，到现在还没有盖房。我当初感觉这个人很会来事，看似一支潜力股，还算一个很爱老婆很顾家的男人，好好培养会成点事。

回来说我心中憋闷的事吧。昨天我同他说起我要买衣服和做头发的事，他就生气了，说我虚荣，头发这样就很好，衣服将就穿去年的就行了。我说到现在一件夏天的衣服都没有买，凉鞋也没有买，而且开始换季了，衣服鞋子都在打折，现在买很划算。我看到一款凉鞋很漂亮，以前卖249元现在打折才100块，再说下半年也可以穿。我说到这里他就听不下去了，说我虚荣就认牌子，路边小摊上三四十块钱的也很好啊，就喜欢买了牌子到单位去显摆。其实我根本没有这种想法，我觉得一分钱一分货，我虽然穷，但是从来不用路边小摊的东西。

到现在为止，我买过一双小皮鞋280元，这是我买过的最贵的鞋子。因为当时真的很喜欢这个款式，一咬牙就买了，就因为这双鞋子，我每次想买什么东西他就拿这个鞋子说事，说我就知道花钱什么的。期间买了一条艾格裤子打3折120元，200元左右买了套雅芳化妆品也成了我“穷显摆”的虚荣证据。我真的是虚荣吗？我今年25岁了，在一家有点规模的房地产公司上班，难道让我整天抹着劣质化妆品、穿着地摊货去上班吗？

如果你想了解一个人,最好的办法就是看他如何花钱。如何花钱比如何挣钱更能体现一个人的品味——把钱花在歌舞厅里与琴棋书画上是两种完全不同的境界。对女人来说,这句话还有另外一个版本,即钱不能代表爱情,但钱可以表达爱情!为你舍得花钱的男人未必是真爱,但一个不肯为你花钱的男人可以直接肯定不爱你!

事实上,花钱所需要的智慧并不亚于赚钱。虽说金钱不是万能的,但没有钱却是万万不能的。人一旦有所需求便会尽力赚钱来完成心愿,所以对这句话我一直都很认同。

在我们身边,总会有一些牛人,他们无论从政还是经商,均能取得显赫业绩。仔细观察,你就会发现他们不仅善于经营,而且经常乐善好施,很会花钱,花的是一些小钱,但赢的却是众人之心。前蒙牛总经理牛根生曾说过这样一句话:"财散人聚,财聚人散。"这句话无意中道出管理的真谛,值得我们深思。

该花的时候捂紧钱袋,必会被人看做小气鬼,于是没有人肯与你交朋友。由此可见,养成正确合理的消费习惯,把自己的钱财打理得井井有条,对事业的发展有着至关重要的作用。

有位家庭主妇,为了省下一块钱的公交车费,步行走了十几站路程,花费一个多小时。在路上累得头晕眼花,横竖就是不坐车,心里老想着过日子省钱。她回到家,一头就栽到床上,因为累出病来了!丈夫听她讲了事情经过,哭笑不得,批评她说:"你在路上确实省了一块钱,但是看病得花几百块啊!"

所以,千万不要让别人觉得你是一个吝啬鬼。具体而言应该这样:在和自己的同事或客户进餐时,要主动付餐费;与朋友共乘同一出租车时,主动付出租车费;在和客户打交道的时候,可以偶尔送点小礼物,以表自己的心意;尽量对他人合情合理的要求给予肯定的答复;对努力工作的员工多发点奖金,或者多给他们几天假期;员工垫付的费用,你要及时还给他们。

花钱要坚持三原则:一是“有钱不买半年闲”,不经常用的东西坚决不买;二是“看菜吃饭,量体裁衣”;三是“精打细算”。总之,我们花钱要有一个目的,明确花钱是为了满足生活必需,而不是享受花钱的快感！想以后过好日子,学会花钱很重要！慷慨大方,会让你赢得更多的朋友和收益,而如果一毛不拔,则会给你造成不可挽回的损失。要记住,给予他人,你将收获更多;不会花钱,你永远成不了有钱人！

第九章

不要在欲望面前迷失自己的本性

有这样一个公式:欲望-实力=痛苦指数。当欲望超出自己的实力,才华能力无法支撑野心时,就是一个人最痛苦的时候,最容易走火入魔。个人欲望要跟个人实力相匹配。一旦二者严重失衡,人的心理就会扭曲!

欲望－实力＝痛苦指数

原文

世人为荣利缠缚，动曰："尘世苦海。"不知云白山青，川行石立，花迎鸟笑，谷笑樵讴。世亦不尘，海亦不苦，彼自尘苦其心尔。

译文

世人被名利困扰，因此开口就说："人间是苦海。"然而他们并不知道，世界的另一面是白云青山，奔流河水与奇岩美石，迎风招展的花草，呢喃歌唱的可爱小鸟，以及樵客歌唱时山谷的长啸与回应。这时才会恍然大悟——人间既非尘嚣万丈，世界也非苦海一片，只是人们使自己的心落入尘嚣、堕入苦海而已。

有人总结这样一个公式：欲望－实力＝痛苦指数。

当欲望超出自己的实力，才华能力无法支撑野心时，就是一个人最痛苦的时候。如果一直执迷不悟，沉陷欲海之中不可自拔，最容易走火入魔。

我们经常听到周围的人抱怨自己如何如何命苦,社会如何如何不公。其实,这样的人大都是内心的欲望跟自我实力发生了矛盾。他们自我能力有限,无法满足欲望,于是就凭空多了许多抱怨。我常常以为,个人的欲望一定要跟个人的实力相匹配。一旦二者严重失衡,人的心理就会扭曲。现实中大量事例都在验证这一道理,一些既没能力又没靠山的人,为了满足自己的欲望,不惜铤而走险,做出让自己后悔一辈子的事。

现代社会到处是灯红酒绿、吴侬软语,诱惑无处不在,促使我们体内的欲火猛窜。与此同时,市场竞争异常残酷,大部分人是无法拥有超强实力的,这样矛盾就产生了。就拿我自己来说吧,有段时间看中了一套豪华别墅,但苦于口袋里的银两不足,欲望超出实力,于是痛苦产生了。那段日子,真是郁闷之极,每天晚上都是翻来覆去睡不着。

确实如此,当一个人心头堆积太多欲望又无法满足的时候,就是最痛苦最无奈的时候。这个时候,你会觉得生活真是苦闷,工作真是痛苦!但这个世界的本来面貌并没有受到任何影响,山依然是那样青,水依然是那样流淌,小鸟依然在自由地歌唱……而那些沉浸在名利中的人,永远都体会不到世界的大美。

一个和尚在路上看到一件有趣的事,他想以此考考禅院里的老方丈。来到禅院,他与老方丈一边品茶,一边闲扯,冷不防地问了一句:“什么是团团转?”

“皆因绳未断!”老方丈随口答道。和尚听到回答,顿时目瞪口呆。老方丈见状,问道:“什么使你如此惊讶?”“不,师父,我惊讶的是,你怎么知道的呢?今天我在来的路上,看到一头牛鼻子被绳子穿了,拴在树上,这头牛想离开这棵树,到草地上去吃草,谁知它转过来转过去都不得脱身。我以为师父既然没看见,肯定答不出来,哪知师父出口就答对了！”

老方丈微笑着说：“你问的是事，我答的是理，你问的是牛被绳缚而不得解脱，我答的是人心被俗务纠缠而不得超脱，一理通百事啊！”

一只风筝再怎么挣扎，也飞不上万里高空，因为被绳子牵住；一匹壮硕的马，再怎么暴烈，照样被马鞍套上任由鞭抽，因为被绳子牵住。那么我们的人生呢，究竟又被什么东西牵住了？为了名利，我们东西南北团团转。我们人生中的快乐究竟逃到哪里了？

好名之人，必为虚名所苦；重利之人，必为贪利所困。这正是许多人总也跳不出苦海的原因。事实上，对名利的追求并非坏事，毕竟人活着总要追求点什么。只是对名利放不下，才是人生幸福的大敌。

《菜根谭》中说：“人只一念贪私，便销刚为柔，塞智为昏，变恩为惨，染洁为污，坏了一生人品。故古人以不贪为宝，所以度越一生。”意思就是，贪欲会让人由刚直变为懦弱，由聪明变为昏庸，由慈善变为残忍，由高洁变为污浊，最后损坏一生的品格。所以古圣贤一致认为，做人要以不贪作为修身之宝，这样才能超越物欲过一生。

一个人放不下，就会被名利所困。物欲情欲遮住眼睛，我们就看不见山川美景，眼前自然就是一片苦海。心里总有得不到的东西，满足不了的欲望，即使开着香车、住着别墅，活得照样辛苦。这样的人其实已经沦为欲望的奴隶，又怎能享受到生活的乐趣呢？

春风得意的时候，其实是最危险的

原文

苦心中，常得悦心之趣。得意时，便生失意之悲。

译文

人们在困苦烦恼时，因为坚持信念、不懈奋斗，内心反而会感到一种喜悦和乐趣；人们在春风得意之时，潜藏着顶峰过后的危机，往往会生出失意的悲哀。

世间无人不渴望自己春风得意，一旦这样的好日子降临，往往会有一种说不出来的畅快。如此快意之事，若只是一个人闷在家中独自享受，岂不是很不过瘾？这个时候，我们就倾向于找一帮陪衬自己的朋友，让他们做自己的花瓶和电灯泡，然后自己欣欣然、心满意足地享受他们的吹捧。这种心理上的快感相信没有人能够拒绝得了。正因为此，在春风得意之际跌下台的人数不胜数。他们摔得很惨，脑浆涂地、血肉模糊。他们用鲜血和脑浆写下的忠告就是——春风得意的时候最危险！

为什么他们会摔得如此之惨？其实很简单，想一想“电灯泡”们的心情就知道了。当你春风得意的时候，“电灯泡”真的像你一样很得意吗？显然不是，你越得意，他们越感到羞愧！他们觉得自己生不如人，看着你摇头晃脑的样子，表面上他们在微笑祝贺，实际上内心只有嫉恨！他们真实的想法就是——不择手段也要超过你！有的人甚至在背后酝酿诡计，而那个该死的人就是你。有一天能把你这个得意的家伙踩在脚底下玩弄，就是他们最大的快乐！他们渴望看到一个倒霉的你，一个跪地乞求的你。有的人甚至会心理扭曲，背后捅你的刀子！

小孟约了几个朋友到自己家里聚会，主要目的是想借着热闹的气氛，让目前心情低落的李强放松一点。

李强不久前因经营不善公司破产，妻子也因感情不和与他闹离婚。他现在是内忧外患、不堪重负了。大家都知道李强目前的状况，因此都避免去触及与此有关的事。可是，其中一位酒一下肚，就口不择言了，忍不住开始大谈他的捞钱经历和消费功夫。说到兴处，还手舞足蹈，得意之情溢于言表，这让在场的人都感觉不舒服。而正处于失意中的李强更是面色难看，低头不语，一会儿去洗脸，一会儿去上厕所。最后实在听不下去了，就找了个借口提前离开了。他后来跟送他走的小孟生气地说："他再会赚钱也不必在我面前炫耀，这不是成心气我吗?!"

小孟非常理解他的感觉，因为他也经历过这样的事情。在他最艰难的时候，正风光的亲戚炫耀房子、汽车，那种感受真是生不如死。

有些人总喜欢夸耀自己，每遇亲朋好友，就迫不及待地吹嘘自己的成功。人生得意须尽欢，这是人之常情，本来没什么好责怪的，但如果你在失意者面前大谈得意之事，那就是自找不痛快了。

举个例子来说，一个擅长做事的人，看到不会做事的人，很可能会揶揄他一番："你的脑子不够用吗?"这话必定会让对方恼羞成怒。所以，每逢开口说话，不管是什么内容，我们都要力避过于春风得意，一定要低调谨慎，千万不要无意中伤害了别人的自尊心。

当你正得意的时候，要你不谈论好像也不太容易，谁不想让别人看见自己意气风发？但你谈论得意时一定要注意场合和对象。

你可以在演说时大谈你的得意，甚至也可以对你的父母谈，享受他们满足的目光。但就是不要对失意的人谈，在他们面前谈得意，就像在秃子面前抱怨头发少，在瞎子面前说太阳不够亮。失意的人非常脆弱，也最敏感，你的谈论在他们听来都充满了嘲弄，不可避免地感觉你在蔑视他。因此你所谈论的得意，对失意者来说是一种非常严重的心理伤害。

即使你当着失意者的面大谈自己的成功，他们也不会有太大的反应，因为他们觉得自己没有资格来反驳，但他们会耿耿于怀，甚至会有一种仇恨心理。这种心理不会立即表现在脸上，因为他知道，此时的任何行为在别人看来都是失意者无力的辩解，但他会通过别的方式来泄恨。例如，从此不再和你打交道，背后说你坏话，故意与你为难等，从此你失去一个朋友，更可怕的是，你多了一个敌人！

《菜根谭》中说："衰飒的景象，就在盛满中；发生的机缄，即在零落内。"意思就是，凡是衰败的景象往往很早就在繁华的盛况之中隐藏着；凡是蓬勃生机也早就孕育在换季的凋零时刻。所以当你处于春风得意的顺境中时，一定要懂得低调的智慧，切不可到处炫耀。

一个人喝醉就容易失态，而一旦春风得意就容易忘形，然后喋喋不休。春风得意的时候，身上的缺陷暴露无遗，噩运乘虚而入。当你在众人面前手舞足蹈的时候，死神也就开始对你手舞足蹈了！君不见昨天还在主席台上耀武扬威的贪官们，是如此的春风得意，然而转眼之间他们就完蛋了，被关进黑屋认真交代自己的罪行。这就是春风得意之后的"追魂令"！

春风得意的时候，除了以上要警醒的要点外，我们还需注意不要犯下面这样的错误。《菜根谭》对此进行了盘点："不可乘喜而轻诺，不可因醉而生嗔，不可乘快而多事，不可因倦而鲜终。"意思就是，不要趁春风得意而轻率对人许诺，不要借醉乱发脾气，不要一时冲动惹是生非，不要因精神疲惫而有始无终。春风得意的时候,我们最喜欢夸海口,向别人拍胸脯保证,然而一旦办不到可就得罪人了。由此可见,人生越是春风得意,就越需要低调,时刻收起春风得意的嘴脸,夹紧尾巴做人。

歌舞酒宴最高潮时,就要整理衣衫毫不留恋地离开

原文

笙歌正浓处,便自拂衣长往,羡达人撒手悬崖;更漏已残时,犹然夜行不休,笑俗士沉身苦海。

译文

歌舞酒宴最高潮时,就要整理衣衫毫不留恋地离开。通达智慧的人往往能在这种紧要时刻止步回头,让人羡慕。夜深人静仍在忙着应酬的人,陷入欲望的苦海却不自知,真让人感到可笑。

有人看到这样的标题,肯定会觉得太不可思议了。在酒宴最热闹的时候,你却整理衣衫告辞,这难道不是一种无礼行为吗?事实上,我们要从哲学的角度来理解这段话。正如《菜根谭》中还有句话说:“谢事当谢于正盛之时,居身宜居于独后之地。”意思就是,引退要在自己事业处于鼎盛的时候,这样才能使自己有一个完满的结局;而居家度日则应生活在清静不与人争先的地方。这里谈的是什么?分寸感!唯有如此,我们才

能真正地修身养性。

南北朝时期,有一个叫谢周的名人。一天,他应邀去朋友家赴宴。这位朋友是王侯之子,排场很大,足足占了方圆百丈的露天大场。朋友请谢周献歌一曲,他毫不谦让,登台为全场宾客演唱,博得雷鸣般的掌声。一时之间,酒宴的气氛达到了顶点。

就在此时,谢周饮罢杯中酒,整理好自己的衣衫,恭敬地向朋友行礼,然后告辞而去。众人都很诧异,还有人怪他没有礼貌。只有这位朋友表示理解,笑着说:“花要半开,酒要半醉。我只恨自己是这里的主人,不能像他那样潇洒。”

花半开,酒半醉,这样才能享受到人生真正的乐趣,留下一段津津乐道的回忆。如果非要尽兴,将自己搞得疲惫不堪不说,还会带着兴尽之后的失落离开。对于这一人生哲学,《菜根谭》中总结道:“花看半开,酒饮微醉,此中大有佳趣。若至烂醉如泥,便成恶境矣。履盈满者,宜思之。”意思就是,赏花以含苞待放时为最美,喝酒以略带醉意为适宜。此中含有极高妙的人生趣味。如果赏花至盛放凋零、饮酒至烂醉如泥,不但大煞风景而且活受罪。对于那些事业已经达到巅峰阶段的人,应该深思一下其中的奥义。诚然,一个有分寸感的人总能品味到人生之大美。就拿上面的谢周来说,他在宴会上出尽风头,如果继续下去,肯定会得罪一些人,所以不如见好就收。在这里,我们能够学到适可而止的处世态度。

天道忌满,人道忌全。《菜根谭》中说:“居盈满者,如水之将溢未溢,切忌再加一滴;处危急者,如木之将折未折,切忌再加一搦。”意思就是,当一个人的权力达到鼎盛的时候,就像水缸中的水将要溢出来,这时切忌再加入一滴;一个人处在危急状况时,就像树木将折断却还未断的时候,这时切忌再施加压力。曾国藩对此领悟很深,他在家书中写道:“盛时长做衰时想,上场当念下场时。”而且他不仅只是说说而已,为了强化警示,他还把自己的书斋命名为“求缺斋”。正因主动求缺,曾国藩尽管权势极大,但最终却能平安退隐。

世间规律莫不如此,一个事物到了极致,往往就要迎来衰败。同样道理,花在半开半闭时最迷人,酒在慢品微醺时最陶醉。为什么非要急着让花快开,一定要看花开到极致的样子呢?要知道,花最灿烂之时也是衰败的开始。有人一碗接一碗地饮酒,不到烂醉如泥誓不罢休,殊不知烂醉如泥时连肚里原有的东西都会吐个精光。总之,凡事不必到达极端。推而广之,在功名利禄面前,凡是尝到甜头就要知足,千万不要贪得无厌,否则死亡的阴影也就逼近了。为人处世一定要明白——人间没有不散的宴席,不急不贪才是快乐的真谛。

这一生总得留下点什么——别在温柔乡混吃等死

原文

春至时和，花尚铺一段好色，鸟且啭几句好音。士君子幸列头角，复遇温饱，不思立好言，行好事，虽是在世百年，恰似未生一日。

译文

春天到来，花儿尚且能呈现一段好颜色，鸟儿也能贡献几句动听的歌。一个人如果出人头地，过上了温饱日子，却不想为后世留下精辟言论，做一些有益的事，那他即使活到一百岁，也像一天都没有活过。

记得我读中学时，有位历史老师特别喜欢说一句话："不管黑道道还是白道道，都要在历史上留下一道道！"意思就是说，"雁过留声，人过留名"，如果每天都是混吃等死，这样无异于慢性自杀，活着也就没有什么价值了。

我们每个人既然来到这个世界上，就应该追求点什么。宋代大儒张载说："为天地立心，为生民立命，为往圣继绝学，为万世开太平。"这句话充分体现了一个人应当追求的价值。关于人生使命，习近平也曾在《在哲学社会科学工作座谈会上的讲话》中说："我们不能辜负了这个时代。

自古以来，我国知识分子就有‘为天地立心，为生民立命，为往圣继绝学，为万世开太平’的志向和传统。”我们活着就应该留下点什么，做点让自己高兴、让别人快乐的事，这样才不至于在世界上白活一辈子！

美国一所大学做过一项实验，科研人员将一只青蛙猛地丢进烧有沸水的铁锅中，青蛙受到意外的强烈刺激，奋力一跳，跃出锅外，自我拯救了生命。而后，科研人员仍将这只青蛙放进装满凉水的铁锅，然后在锅下逐渐加温，青蛙毫无觉察地在温水里悠然自得，直到它感到水烫得无法忍受时，再想跳出水面却已动弹不得，只好枉送了性命。

“青蛙未死于沸水而灭顶于温水”的结局，很是耐人寻味。青蛙第一次能死里逃生，是因为它意识到危险，尽其所能进行抗争；第二次葬身锅底，则是由于它思想懈怠，在不知不觉中失去求生弹跳的能力。若是锅中之蛙能时刻保持警醒，在水刚温热之时，迅速跃出，也为时不晚，不至于发展到难以自拔被煮死。

难道这还不够我们警醒吗？沉湎于温柔富贵乡就等于混吃等死！

每个人都与享受无仇，所以我们总是在舒适安逸中沦陷。当你有了这些想法之后，便会在无意识中放松对自己的要求，这时候，你便在不知不觉中滑入到危险的温水中。当你正闭目享受舒适的“半身浴”时，危险已像魔鬼一样临近了！当温水被缓慢加热，火势越来越旺，你离穷困潦倒的结局也就不远了！

一个人活着，最重要的就是实现自我价值，否则就是行尸走肉。如果一个人只是为了满足物欲而活着，作为人的价值哪里去了呢？所以，一个真正有志向的人会奋力折腾出一番事业，用行动证明自己的人生！

小志20岁的时候，还不知道这个年龄意味着什么，每天出没在网吧、游戏厅、KTV这样的场所。在游戏里他似乎找到了属于自己的那份潇洒和自由，和狐朋狗友们每天挥霍着青春，觉得青春是数不过来的钞票，可以由自己任意挥霍，从没有想过自己的未来是怎样的，他甚至也不敢去想。

时间就这样慢慢消逝，到小志30几岁时，父亲去世，家里的一切负担都压在多病的母亲身上。他这才突然意识到自己作为一个男子汉，肩膀上的压力有多大。他开始奋发努力，但感觉一切都晚了，太迟、太迟了！

当你在20几岁的时候，可以刺青割腕，可以破衣烂衫，可以赌气辞职四处借宿，也可以念着某个人的名字醉卧街头。总之，做事越不苟世俗，越显得青春残酷，以为这就算是真我的风采了。但到了30几岁的时候，你就要变得愈加现实起来。虽然非常讨厌上司和同事，但为了饭碗，必须乖乖就范。也许会在某天突然对某个人动情，但却突然想到"又能怎样呢"，于是澎湃的心潮平静了下来。来来往往，匆匆忙忙，从此把成本和收益作为择偶时的先决条件，年轻漂亮的自己奉陪不起，年龄大的又担心色衰爱弛。既不想伤害别人又舍不得全心付出。所有的风花雪月，都在这反反复复的衡量和计较中消磨殆尽。

这时候，所有的风花雪月都已远逝，留下的只有现实，而且是一个需要持久努力才能看到成就的现实。

这时候，你一定要认清自己的使命。你不是一个有钱有闲的"财主"，可以通宵玩乐。你需要选定人生的方向、行业和未来。不要逃避，不要哀伤，请勇敢地面对！唯有努力才能改变自己的命运！

这时候，不要以为年轻是你骄傲的资本。面对物欲横流的社会、接踵而来的压力，任何人都不能当一名逃兵。你没有为自己"减压"的资格，你不仅不能减压，还要有意识地为自己加压！

一个人的成功，其实就是跟安逸生活作斗争的过程。要想战胜安逸，第一步就是给自己设定一个不断进取的目标，对生活充满战斗欲；第二步要对风险有警惕意识，时刻保持冷静头脑，不可在已取得的成就里留恋不已、沉湎不醒。

不要在欲望面前迷失自己的本性

原文

欲路上事，毋乐其便而姑为染指，一染指便深入万仞；理路上事，毋惮其难而稍为退步，一退步便远隔千山。

译文

对于欲念方面的事，不要因贪图眼前的方便而随意沾染，一旦放纵就会堕入万丈深渊；对于道义方面的事，不要因害怕困难而退缩不前，一旦退缩就离真理万水千山。

花有五颜六色，人有七情六欲。每个人都是吃五谷杂粮长大的，怎么可能没有七情六欲？东汉哲人高诱曾解释什么是六欲：“六欲，生、死、耳、目、口、鼻也。”可见六欲是指人的生理需求或欲望。这些都是人类与生俱来的天性，我们无法摆脱和剔除。

人要生存，就怕死亡。要活得有滋有味，有声有色，于是嘴要吃，舌要尝,眼要观,耳要听,鼻要闻——这些欲望与生俱来,不用人教就会。哪怕是一个刚生下来三天的孩子,他也知道享受舒适的环境,一旦把他放在粗糙一点的襁褓里,就会不满意地放声大哭。对成人来说,就更不用说了,人群中早就流行这样一句话:“能坐着绝不站着,能躺着绝不坐着。”这句话不就说人嗜好享乐的天性吗?每个人都有欲望,我们活着必须满足它们,但一个人活着却不是为了单纯地满足欲望。比如说,吃饭是人最大的欲望,但吃饭是为了活着,而活着却绝不仅仅为了吃饭。道理很简单,一个人既然活着,就注定无法彻底摆脱欲望,也没必要摆脱,但却一定要在欲望面前保持清醒的头脑,知道什么是自己最需要的,什么是自己最应该做的,永远不要迷失自己的本性。

夜深之后,市长家的门被敲开了。“请问,这里是陈市长家吗?”来客戴着一副黑框眼镜,很有礼貌,他的手里却提着大包小包,也不知装了些什么。

开门的女人犹豫了一下,说:“对不起,陈副市长去外地开会了,最近不回家,请不要到这里来了。”然后就把门关上了。

回到卧室,她把这件事告诉了丈夫。陈副市长感激地望着妻子,说:“请神容易送神难,让他进来容易,可让那些东西出去就难了。所以不管谁来,只要提着东西,不能说‘请进’,一次都不能!”

不管你是有权有势的市长,还是平凡的普通人,在为人处世过程中,都应该保持高度的警觉,绝不能让物欲和情欲迷失自己的本性。因为只要有一次,非分的享乐在你的脑海中就会像滚雪球一样越滚越大,压垮你的神经,让你彻底堕落!

关于如何节制欲望,是每个人所面临的永恒课题。对此,《菜根谭》中说:“心体光明,暗室中有青天;念头暗昧,白日下有厉鬼。”意思就是,如果心地光明磊落，即使是在黑暗的屋子里，也如头顶明亮的天空；如果心地邪恶不正，即使在青天白日下，也会遇见阴森的厉鬼。摆脱欲望的纠缠，还一颗本真的心，这才是真正懂得生存哲学的聪明人。

如果你睁开眼睛看看，就会发现到处都是这方面的教训。许多官员，他们控制不住自己的欲望，中了商人的美人计、收了对方的红包贿赂，有了第一次，就有第二次，然后是无数次。在犯罪的泥潭里越陷越深，十匹马都拉不回。他们不是不知道事情败露之后的利害，而是被物欲控制，很难再摆脱出来了。

大到官场、职场，小到日常生活，都是如此。很多年轻人知道偷懒是不对的，可就是无法控制自己玩乐放纵的欲望，被手机网络上各种 APP 搞得心神不宁。不要小看这一点不起眼的毛病，它很可能让一个本该成为行业精英的天才，只能呆在平庸的职位上碌碌无为地虚度一生——惰性让他无法突破自己，欲望让他迷失了前进的方向。在这里，我给大家提供一个善意的忠告："你只有把每天该做的事情做完，才有资格做自己想做的事情。"该做的事情是一份责任、一份担当，想做的事情是你内心的欲望，我们一定要平衡好两者之间的关系，万万不可让欲望无休止地放纵泛滥，从而毁掉你的人生梦想和健康生活。

古人有句话说："莫待老来方学道，孤坟尽是少年人。"年轻时我们任性胡来，将来留给别人的只能是自己失败的背影。事实就是如此，只要在欲望面前不迷失自己，每天按照计划努力，相信你的人生目标很快就能实现。

战胜心魔，才能走上王道

原文

降魔者，先降自心，心伏，则群魔退听；驭横者，先驭此气，气平，则外横不侵。

译文

要想降伏恶魔，首先要降伏自己内心的邪念，只有把自己内心的邪念降伏了，那么所有的恶魔自然会消除；要想纠正骄横无礼的行为，必须先驾驭自己的浮躁之气，只有把自己的浮躁控制住了，那些外来的纷乱就自然不会侵入。

有个小和尚学入定，可每当入定不久，就感到有只大蜘蛛钻出来捣乱。没办法，他只得向老和尚请教。

小和尚说："师父，我每次一入定，就有大蜘蛛出来捣乱，赶也赶不走它。"师父笑着说："那下次入定时，你就拿支笔在手里，如果大蜘蛛再出来捣乱，你就在它的肚皮上画个圈，看看是哪路妖怪。"

听了老和尚的话，小和尚准备了一支笔。

再一次入定时，大蜘蛛果然又出现了。小和尚见状，毫不客气，拿起笔来就在蜘蛛的肚皮上画了个圈圈作为标志。谁知刚一画好，大蜘蛛就销声匿迹了。没有了大蜘蛛，小和尚就可以安然入定，再无困扰了。

过了好长一段时间，小和尚出定后，一看才发现，原来画在大蜘蛛肚皮上的那个圈记，就赫然在自己的肚脐眼周围。

小和尚这时才悟到，入定时的那个破坏分子——大蜘蛛，不是来自外界，而是源于自己思想上的心猿意马。

这只蜘蛛其实是我们每个人的"心魔"。心学大师王阳明先生曾说："破山中贼易，去心中贼难。"这就是人们常说的魔由心生的道理。一个人误入歧途，只有把他的心魔赶走，才能救这个人，否则也只是白费劲而已！

《菜根谭》中说："耳目见闻为外贼，情欲意识为内贼。只是主人翁惺惺不昧，独坐中堂，贼便化为家人矣！"意思就是，耳朵听到美音，眼睛看到美色，这些外界诱惑都是外来的盗贼，心中的欲念是人内心潜藏的家贼。可是只要灵魂保持清醒，在堂中央坐稳，那么这些所谓的贼也被感化为自己的家人了！确实如此，邪与正往往只在一念之间，我们只有克服了心魔，才能走上正道！

有一天，我在网上看娱乐新闻，看到一位非常走红而自己又比较喜欢的明星，在酒吧吸毒被抓。这让我震惊不已，整整一天都在感叹于他的堕落。而据他自己讲述，当时只不过觉得好玩，在朋友的劝诱下吸了第一口，不曾想后来又情不自禁吸了第二口、第三口，就这样不知不觉变成了瘾君子。现在，他身败名裂，悔恨不已。可如果当初他能及时勒住欲望的缰绳，克制住心魔，还会有今天的下场吗？

在人的一生中，总会有各种各样的诱惑阻碍我们成功。这是魔鬼的诡计，诱惑我们上当，从而夺取我们成功的资本。也许只是一念之差，你便任由欲望支配身体，然后稀里糊涂做出不计后果的事情。我们的人生从此步入一条完全不同的道路。这就是"一失足成千古恨，再回头已是百年身”的含义。

关于内心时刻上演的这场没有硝烟的战争,《菜根谭》中描绘得十分逼真:“念头起处,才觉向欲路上去,便挽从理路上来。一起便觉,一觉便转,此是转祸为福、起死回生的关头,切莫轻易放过。”意思就是,当心中的欲念刚浮起,发觉有走向邪路的倾向,就应该立即用理智把自己拉回正路。欲念一起就警觉,警觉之后就纠正,这正是转祸为福、起死回生的紧要关头,绝不可轻易放过。

有一次,一个爸爸在跟孩子做游戏时问:“你如果有喜欢的东西却没有钱买,怎么办?”孩子说:“偷。”爸爸又问:“别人偷了你的东西怎么办?”孩子说:“要把他砸扁扁。”这说明孩子也知道偷东西不好,别人偷了他的东西也会生气,但是他内心里却有偷别人东西的欲望,由此可见,每个人都有不良欲望的苗头。这是人的天性之恶,必须正确引导。

在民国时期,黄埔军校礼堂上挂着这样一幅对联:“穷理于事物始生之处,研几于心意初动之时。”意思是说,万事万物往往是最初的规律和意念决定了它最终的走向。事物初生和心意萌动之际,往往藏有大玄机,对此深研细究足可以修身养性。该对联是蒋介石自撰,请孙中山书写,悬挂以自我儆戒。同样道理,坏想法刚刚萌生之际如果不及时制止,任由它主宰头脑,就必定会造成严重的后果。所以,在不良欲念蠢蠢欲动之际,我们就应该当机立断,马上付诸行动,这样才能扭转乾坤、起死回生。

第十章

尽人事，听天命

谋事在人，成事在天。一语道破世间成败的玄机。一个人的成功既靠努力，也靠机遇。机遇有时是不平等的，好时能让人功成名就，坏时让人一事无成，我们怎能够奢求自己特别幸运呢？我们所能做的一切就是——尽人事，听天命！

货比货得扔，人比人得死

原文

事稍拂逆，便思不如我的人，则怨尤自消；心稍怠荒，便思胜似我的人，则精神自奋。

译文

不如意时，想想那些不如自己的人，怨天尤人的情绪就会消失；自我感觉优秀而开始懈怠时，想想比自己更强的人，就能够抖擞精神，奋起直追。

俗话说："货比货得扔，人比人得死。"在现实中常有这样的例子：本来小两口生活得幸福自在，可某一天妻子对丈夫说："你看隔壁的张君，事业有成，每天出入宝马，多气派！"丈夫听后，脸色马上由晴转阴，心中不禁耿耿于怀。

事实上，幸福并不可比。因为没有止境、没有固定的标准，如果硬要与最牛的成功人士比较的话，你永远都是不起眼的那个！要想心理平衡，就干脆找不如自己的人比较，这样你才能看清自己拥有的东西。正如一个人所说：小时候家里很穷，没有鞋子穿，我以为自己是最不幸的人。直到有一天，我在街上看见一个没有脚的人……所以，在生活中我们应该懂得这样一个道理——比上不足，比下有余。

上海是个竞争激烈的城市，张文薪酬微薄，工作了五年，也只是刚解决温饱问题。眼看着同龄人都买房结婚了，亲朋好友都替他着急。母亲对他说："房子很重要，该想想办法了。还记得你的高中同学小侯吗？他高级轿车都换两辆了！"张文笑着对母亲说："人比人，气死人，我要整天对这些耿耿于怀，非闹出人命不可。"

张文不慌不忙，按照自己的人生规划，一步步地努力着。不久，他交了女朋友，女友有时会对身边有房有车的闺友表示羡慕。这时张文就会宽慰她："既然现实很难改变，为什么不想想那些还不如我们的人呢？他们连一份长期稳定的工作都找不到，我们能够租住两室一厅的大房子，已经够幸福了！"

凭着这种"比上不足，比下有余"的心态，张文在上海的发展渐入佳境。平和的人生态度，让他抓住一个又一个机会。由于业绩突出，他被提升为公司企划部经理，收入暴涨了十几倍，跟女友也很快买房结婚。结婚以后，当妻子满足于安逸的现状时，他又把目标瞄准更成功的牛人，努力争取公司副总经理的位置。

一个人应该明白自己该干什么、不该干什么，根据形势变迁，随时调整自己的心态。境遇不佳时，跟那些不如自己的人做一番对比，使心态趋于平和。当事业发展得顺风顺水时，则应该将眼光瞄准比自己更优秀的人，以激励自己继续奋斗，勇猛前行！

清代石天基在《长生秘诀》中说："每遇不如意事，即将更盛者比之，心即坦然大乐矣。"如古人云："他骑骏马我骑驴，仔细思量我不如，回头看见推车汉,上虽不足下有余。”如果自己想通了,就不郁闷了。

一个人总是喜欢和人比高,则肯定会心情郁结,闷闷不乐。这样长久下去,他的心理就很容易扭曲、失衡。如果走进这条“死胡同”,就可能从此变得心胸狭窄,嫉恨那些成功的人。这对自己的现状,其实没有半点改变。如果在这泥潭中越陷越深,必定影响事业的发展和人生的成功!

只要牢牢把握“逆境比下,怠荒思上”的原则,我们就能拥有较高的幸福指数。当你总是与别人作比较而耿耿于怀时,为何不改变一下自己的思维方式呢?

每个人的人生都是“自作自受”

原文

老来疾病,都是壮时招的;衰后罪孽,都是盛时造的。故持盈履满,君子尤兢兢焉。

译文

年老体弱多病,都是年轻时不注意保养造成的;事业衰败后恶孽缠身,都是兴盛得意时埋下的祸根。所以在功成名就的时候,真正的聪明人会更加小心谨慎。

俗话说:“种瓜得瓜,种豆得豆。”这句话源自《涅槃经》,最初版本为:“种瓜得瓜,种李得李。”这只是一个比喻,即有了什么因,就能得到什么果——善因得善果,恶因得恶果。中国社会还有句话说:“恶有恶报,善有善报。不是不报,时候未到。”其意思就是,现在犯下的错误,一天天积累下来,日后就可能会遭受惩罚。一个人如果今天得到回报,那也一定得益于昨天努力的结果,这正是“福往者福来,爱出者爱返”。

然而,天有不测风云,人有旦夕祸福,总会有些时候,种瓜不一定得瓜,种豆不一定得豆,还有可能绝收。干什么事都存在一定的风险。有风险就可以不种地了吗?不能!因为那是要饿肚子的。我们必须勇敢地播下自己的种子,只有这样才能在日后有所收获。这就要求我们要会选地盘、会挑选种子,没有条件要创造条件以求丰收。耕种如此,做其他亦然。

我认识一位叫陈浩的大学生,由于家境不好,读大学欠了几万块钱的债,毕业后又找不到一份合适的工作。他陆续做过房产经纪人、服装销售员、报刊发行员,甚至连安利直销也折腾过半年,就像顺口溜中说的“我是一块砖,哪里需要哪里搬”。

这样的生活不可谓不苦,收入零零碎碎,既要还债,还得吃饭交房租。但陈浩觉得自己的生活很精彩,每天都充满斗志。经过两年的打工生涯之后,他发现时机到了,在电影院对面开了一家火锅店。

火锅店生意很火,每天顾客应接不暇,很快他就赚到30多万元。回忆起当初开店的情景,陈浩总结说:“开这个店,选址是最慢的,装修是最累的,开业是最伤脑筋的!”一系列的问题,全靠一个人解决。在这种充实的生活中,他体验到奋斗的快感,尝到了成功的滋味。他感慨道:“谁说苦不是乐的种子呢!”

《菜根谭》说:“一苦一乐相磨练,练极而成福者,其福始久;一疑一信相参勘,勘极而成知者,其知始真。”意思就是,在人生路上经过艰难困苦的磨炼,就会获得幸福,这样的幸福才会长久;对知识的学习和怀疑交替验证,探索到最后而获得的知识,才是千真万确的智慧。确实如此,一个人只要努力和坚持,永远不自暴自弃,一般都能获取事业的成功。

任何事物都在变化发展着,从失败中汲取教训,可以结出成功的果实。但如果在春风得意之际忘乎所以,则容易乐极生悲。这样的例子屡见不鲜,春秋时期的周幽王娶了个美女褒姒,这女人艳若桃李、冷若冰霜,就是不喜欢笑。周幽王为博佳人一笑,派人点燃烽火台报警,谎报敌人来袭,于是各路诸侯慌忙前来救驾,结果发现竟是大王开的一个玩笑,都恼恨而归。后来敌人真的来袭,再无人前来救援。就这样,追求享乐的周幽王最终害了自己,迎来悲惨的结局。晋朝大臣石崇比皇帝都有钱,因为炫富却惹来了杀身之祸。对一个春风得意的人来说,乐正是苦的种子,如果稍有成绩便得意忘形,盛极而衰的规律就会应验。

王义、牛飞、崔鹏,三个人是大学同学。他们一同毕业,又一同进入一家企业工作。一年后,大学老师来看望他们,却发现三个人有很大差距:王义当上总经理助理,工资8000元;牛飞当上了办公室主任,工资是6500元;崔鹏是一名普通职员,工资是3500元。老师有很大疑惑,找到企业经理问其中原因。这位经理没有正面回答老师的问题,而是把三个人同时叫来,同时向他们下达一个任务,让他们去港口调查一个货船的货物情况。2个小时后,崔鹏回来汇报:“船上装的是皮毛制品。”牛飞回来汇报,说货船上装的是皮毛制品,进口地区、数量和品质如何如何。最后王义回来汇报,他汇报了皮毛数量、品质,还汇报了其他有价值的货物以及具体价格,而且与对方沟通了合作意向。看到这一切,老师恍然大悟。这三个学生今天的差距不就是“作为”上的差距吗?

人生就是如此,因与果密不可分,很多时候甚至是命中注定的。台湾有一位曾仕强教授,在总结人生时说过一句很经典的话:“我认为每个人的人生都是自作自受。”我们今天的成就，取决于昨天的努力；明天的前景，取决于今天的付出。这一环做得不好，下一环就会变得更加糟糕。你耕种什么种子，就会收获什么样的结果；如果今天从来不曾耕种过，那就什么也得不到！

尽人事，听天命——脚踏实地努力，剩下的交给天定吧

原文

人之际遇，有齐有不齐，而能使己独齐乎？己之情理，有顺与不顺，而能使人皆顺乎？以此相观对治，亦是一方便法门。

译文

机遇有时是不平等的，好时能让人功成名就，坏时让人一事无成，我们怎能够奢求自己特别幸运呢？就连你自己的情绪都是有好有坏，你又怎能要求别人事事都顺从你的意愿？我们应该平心静气地来想这个问题，设身处地，反躬自问，这是领悟人生的一个很好途径。

有些经常买彩票的人，每当看见别人中了大奖，心里就会很不平衡，觉得上天太不公平——为什么上天把好运气都给他却不给我？其实，上天很公平，用西方人的话讲：我们都是上帝的子民，被选中或被抛弃的几率都是平等的。但是，为什么你总感觉上天不公平呢？事实上，你是在奢

求一份幸运的特权。

这样的人，希望全世界的好事都归于自己，总觉得最美的果实得先让自己挑选。中大奖要有你的一份；好工作先让给你；升职第一个要考虑你；出国外派的名额得先给你留着……一旦事不如意，就会心理失衡，像受了多大委屈。我们为什么不冷静地想一想，凭什么这个世界必须按照你的意愿来运转呢？你又不是国王，又不是上帝，在千千万万的芸芸众生中，天大的好事为什么非要砸在你头上呢？

《三国演义》中第一百零三回，诸葛亮精心设计把司马懿诱入上方谷内，以干柴火把截断谷口。司马懿进退无路，面临火焚灭顶之灾。正在此时，天地间狂风大作、骤雨倾盆，大火很快被大雨浇灭。司马懿趁机杀出重围。事后，诸葛亮仰天长叹说："谋事在人，成事在天。不可强也！"

"谋事在人，成事在天"，一语道破人间成败的玄机。当我们觉得自己即将春风得意时，命运偏偏会送来失意。这说明，成功既靠自己的主观努力，也靠客观机遇，不是你能力达到了，准备充分了，就会百分之百成功。这就告诉我们，不走运的时候看开一点，不要总是闷闷不乐，要学会安慰自己。

不过，现在也有很多人相信天命，认为命运是天定的。确实如此，做事是否成功，做人能否得到别人的认可，这些最终的结果并非全由我们自己决定，但如果你不做事，就是上天想帮你也帮不上！所以，我们能做的一切就是——尽人事，听天命。要想成就大业，就要天天谋事做事，剩下的就交给天定吧！

每个人都需要认真生活，这或许就是尽人事的责任。一般来说，主要体现在下面几点：

不要许下辈子的诺言。下辈子往往是骗人的，你又怎么知道下辈子你不是阿猫阿狗？你又怎么知道下辈子还能记得住这辈子没做完的事情？如果这辈子有什么事情要做，就抓紧时间做完吧，没有时间给你留到下辈子！

身体是革命的本钱。只有身体是实的，其他都是虚的。如果你身体孱弱多病，那么再大的雄心壮志也将望洋兴叹，心有余而力不足。好的身体可以帮你实现梦想，好的身体还能让你陪伴所爱的人走得更远更久。如果想老了之后和爱人在夕阳下漫步，就请好好爱惜自己的身体吧！

不要动不动就说自己已经不会爱了之类的话。真正的爱情是以时日相伴成长的，如果你在爱情中受了伤，不妨想一想，你丢掉的是一份和你没有缘分或者不适合你的爱情，何尝不是一种运气？

记住，你只能活一辈子。以豁达的心态面对人生，这辈子如果能少些怨恨、愤怒、悲伤、沮丧，到老了你就会发现自己是何等幸福。诺贝尔文学奖得主马尔克斯说："生活不是我们活过的日子，而是我们记住的日子，我们为了讲述而在记忆中重现的日子。"的确如此，我们之所以用心活好当下，就是为了以后回忆的时候有资本。否则，当你老的时候，会发现自己这一生没有快乐的往事可回忆，你真的会觉得这一生白白活过。这样的人生才是最可悲的。

出世是为了更好地入世，入世是为了更好地出世

原文

思入世而有为者，须先领得世外风光，否则无以脱垢浊之尘缘；思出世而无染者，须先谙尽世中滋味，否则无以持空寂之苦趣。

译文

一个人要想在社会上有所作为，须先以出世的心态，在山水间领悟人生真谛，否则就没办法清除内心的尘俗欲念。一个人要想进入飘逸脱俗的境界，须先以入世的心态，在世俗间尝尽酸甜苦辣，否则就没办法承受日后寂寞的清苦。

记得以前在大学图书馆里，读过朱光潜先生的一本美学经典，其中有这样一句话直入我心——以出世的态度做人，以入世的态度做事。这句话可谓一语道破人生真谛。

“人生一世，草木一秋。”我们每个人都是人生舞台上的匆匆过客，无论你是帝王、富豪，还是平民、乞丐，都无一例外！不少人为此看破红尘、遁入空门，但这只是一种出世的姿态。《菜根谭》中说：“出世之道，即在涉世中，不必绝人以逃世；了心之功，即在尽心内，不必绝欲以灰心。”意思就是，远离凡尘欲世修行的道理，应在人世间摸爬滚打来修炼，根本不必要离群索居与世隔绝；内心了悟修行之功，就在每日认真尽心的生活态

度内，根本不必断绝欲望使自己形如枯槁、心如死灰。这才是彻悟之言！要知道，现实生活是最为残酷的，我们谁都无法逃脱滚滚红尘的追击。每个人只有付出真正的努力，才能在社会上夺得一席之地，从而真正拥有出世隐退的资格。否则，所谓的出世和修行只是逃避现实的借口。

然而，为什么在激烈竞争中未能被击败的人，却在功成名就的时候病倒了呢？究其原因，就在于他们只记得卖命打拼，却忽略了人生也是需要出世调整精神的。出世是为了更好地入世，所以，真正智慧的人不会只讲“出世”或者只讲“入世”，他们懂得将“入世”与“出世”融合，从而体验一种更丰富的人生。

众人皆知的电影明星李连杰，事业成功，家庭幸福。他既是影视圈的红人，又是慈善事业的推动者。同时，他还是一个虔诚的佛家信徒，非常注重对自己内心的审视。在接受一家电视台采访时，他向人们分享自己的修心理念：“许多人之所以走错路，是因为分不清哪是妄心，哪是真心，私心杂念太多，又不懂得消除的方法，于是只能被欲望牵着鼻子走，丧失了纯净之心。”

如何才能让心静下来？李连杰的方法很简单，每天晚上临睡前，他都会给自己留出一个小时的看书时间，通过阅读，唤醒内心最单纯的思考状态，摆脱白天功利的思维方式。这样的阅读，就是一种跟自己内心对话的过程，从而意识到平时哪些想法不恰当，或者哪些做法不合理。

此外，在拍完一部戏之后的闲暇期间，李连杰还会找情投意合的朋友下下棋、钓钓鱼、聊聊天，让身心彻底放松。在下棋和钓鱼过程中，以聊天的方式真诚探讨问题，解决平时积累下来的心灵困惑。这样就达到一种静若止水的状态，从而清除杂念，找回真心。

活在这个世界上，每个人都免不了要追逐名利，获得物质的享乐。这无可厚非，但不切实际的想法太多，就会让我们迷失自己，从而来不及审视内心，体会不到人生本身的快乐。

如何才能消除尘俗杂念和日常烦恼呢？就像李连杰建议的那样，让心灵从俗世中走出，然后审视自己，跟自己的内心对话，驱除那些妄念、邪念。只有淡泊名利，才能超脱悲喜，这正是出世心态带给我们的益处。

春秋时期有个叫庄子的哲学家，有一天，他的妻子去世了。像这种情况，别人都是捶胸顿足、号啕大哭，而庄子却一点悲伤的样子也没有。围观的人看不下去了，问他："你为什么不哭？"庄子回答："100 年前没有她，现在又没有了她，她从虚无中来，现在又回到虚无中去，就像回家一样，我应该理解她，又有什么可难过的呢？"

在庄子这里，我们感受到一种超脱世俗的巨大力量。虽然庄子也很留恋亲人，为妻子的去世感到遗憾，但他更清楚生老病死是不可避免的，再怎么悲伤也无济于事，所以，他能够看破并且放下。关于这种超然的哲学，《菜根谭》中如此写道："山河大地已属微尘，而况尘中之尘；血肉身躯且归泡影，而况影中之影。非上上智，无了了心。"意思就是，从整个宇宙无限的空间而言，山河大地所在的地球只不过犹如一粒尘埃，而地球上的小小生物与无边宇宙相比更是渺小得犹如尘埃中的尘埃。从绵延无尽的时间长河来说，我们的血肉之躯只不过是短暂的浪花泡影，而那些比生命更短暂的功名利禄更是泡影中的泡影，犹如过眼云烟。如果没有上上等的智慧和境界，是很难彻悟其中奥义的。很多时候，如果我们能以这种出世的态度来观察问题，就会释然顿悟，不再有悲伤和痛苦。

出世，是为了更好地入世；入世，是为了更好地出世。只有悟透两者之间的关系，我们才真正掌握人生的要害。有人说："问题的关键不在于我们遇到了什么事，而在于我们对这件事的看法。"确实如此，看法决定情绪，态度决定悲喜。只有摆脱世间俗务的束缚，用一颗出世之心来入世，我们的事业才能更成功，人生才能更快乐！

腾不出时间休息的人，一定会腾出时间来生病

原文

岁月本长，而忙者自促；天地本宽，而卑者自隘；风花雪月本闲，而劳攘者自冗。

译文

自然界的岁月本来是很悠长的，可是那些奔波劳碌的人却自己觉得时间很短促；自然界的天地本来很辽阔，可是那些心胸狭窄的人却把自己局限在小圈子里；风花雪月本来是供人欣赏调剂身心的，可是那些劳碌烦扰、熙熙攘攘的人却认为这是一种多余无益的事。

众所周知，现代人把自己逼上了梁山，只知道要争口气，发誓打下自己的一片海阔天空，这样才有资本在别人面前挺直腰杆。但可悲的是，许多人在拼杀劳碌中忽视了休闲和健康问题，以致“赢得了世界，而失去了自己”。这样的话，即使赢得“世界”，又有什么意义？

一个人要想成就事业，就必须吃得苦中苦，方能成为人上人。可问题是，成为“人上人”的代价和结局是什么？——许多成功者之所以成功，是因为他们在别人休息的时候工作，在别人享乐的时候煎熬，在别人风花雪月的时候忍受孤独。这样的代价不可谓不大。

在很多人眼里，时间就是金钱，物质上的富足才能让自己更有成就感。多加几个小时的班就等于多一份劳动成果；多见一个客户就等于多一个合作机会；多喝一杯酒就等于多交一个生意伙伴……一天到晚，好像永远有忙不完的事情，永远腾不出时间去看场球赛、做一次健身、和朋友品尝一顿火锅以及陪爱人到风景如画的大自然郊游……这一切都是可望而不可及的人生奢望，岂不是一件悲哀的事吗？要知道，一个人如果懂得忙中偷闲、闹中取静的道理，享受闲适其实只是举手之劳而已！

李海鹏是家软件公司的项目经理，风度翩翩，举手投足之间尽显30岁男人的魅力。他在公司女同事眼中简直就是心中最理想的白马王子，有房有车有才华。

这样的男人看上去是绝对的精品，在男人堆里也算是佼佼者。可是，果真如此吗？

海鹏酒醉之后，问我："哥们，你看我是不是特风调雨顺？"我说："当然，哥们你是咱一群朋友里活得最光荣的一个。""呸！我他妈是最孙子的一个。"

"哥们好像从来没这么崩溃过，原因何在？难道你活得比窦娥还冤？"对于海鹏的此番酒后之言我以为只是一时之想。殊不知，哥们还真的一把鼻涕一把眼泪了，"上个月，我在家洗澡，结果出来晕倒了，哥们我去医院一检查，你知道是什么吗？"这时候的海鹏似乎变得有些认真了，"医生说我再这样下去，过不了10年就到阎王那报道了。"我越听越糊涂，看眼前这个金光闪闪的年轻有为的帅小伙，依然春光满面，没有一丝病入膏肓的样子。

"脑部血管梗塞，供血不足！哥们你说这样下去我还能有好日子过吗？而且我的大肠还有毛病。"

看似牛气哄哄的李海鹏得了很多白领人士的通病。这类人都是平时工作压力太大,没有自己的休闲时间,生活太紧张,最终导致健康崩溃。“腾不出时间休息的人,一定会腾出时间来生病”,相信这对每个人来说都是一句强有力的警醒。可是,现代人似乎已经卷入一个巨大的漩涡之中无法自拔了,身体如一架超负荷运转的机器每天都在磨损,却根本腾不出时间维修。长此以往,三高、精神分裂、失眠,甚至脑溢血等疾病就会主动找上门来!到那个时候,恐怕再多的营养品和药片都无法拯救你于“水深火热”中。

试想全世界的国家元首们,每天忙忙碌碌,可谓日理万机,担负的责任恐怕比你大得多。可他们的生活很有规律,比如美国首任总统乔治·华盛顿是一位骑马能手,骑术高超,一生中将近有1/3的时间是在马背上度过的;克林顿总统在白宫期间的健身“秘方”是:星期一,围绕林阴大道跑5英里;星期二,以自己最快速度攀登国会山(国会山的高度和北京的景山相近)10次;星期三,休息;星期四,爬林肯纪念堂的台阶(约有60~70级)5次;星期五,在白宫跑道上跑步。

由此可见,为梦想打拼和休闲静修并不矛盾,两者是可以协调的。适当的休闲和静修更有助于个人修为的提高。《菜根谭》中说:“此身常放在闲处,荣辱得失谁能差遣我;此心常安在静中,是非利害谁能瞒昧我。”意思就是,经常腾出时间将身体安放在闲适中休憩,则世间所有荣辱成败都无法左右我;经常把自己的心灵放在幽静的环境中颐养,则人间的是非利害都不能蒙骗我。一味忙碌并不是抵达目标的正确途径,唯有忙闲结合,才能让事业和生活双丰收。关于这一点,清人张潮在《幽梦影》中写道:“能闲世人之所忙者,方能忙世人之所闲。”很多改变人类的伟大发明及重大举措,都是在休闲中无意中获得的灵感。

一位做医生的朋友曾对我说:人的正常休息时间最少要达到7个小时。从20岁开始,每10年身体的新陈代谢水平就会下降2%。如果再不注重休息和养生的话，人体的衰老还会更快。如果你不信，可以注意一下你的掉发情况是不是开始由几根变为几十根？你的视力还能不能与5年或者3年前相比？你还能不能在12秒内跑完100米？等你爬完10层楼梯的时候，你是不是满脸通红、两腿打战？你的胃会不会不定期疼痛？

如果你有三项“中标”，那么就应该忙中偷闲，让自己的“繁忙”收敛一些了！

《礼记》中说：“一张一弛，文武之道。”这正是我们对待工作和生活的办法。这样一来，我们既不被事业压垮身子骨，又不让惰性肆无忌惮地蔓延。根据自己的具体情况，制定一个张弛有度的生活计划。比如周末两天，尽量不谈工作，而是外出旅游、散心或者和心爱的人在家研究美食；周一到周五的工作时间，白天全身心投入，让工作高度有效率，晚上则尽情享受短暂的休憩。闲忙结合、事业顺利，生活也情趣盎然，不亦乐乎？

我们一定要牢记——心可以是钢做的，因为有了钢铁般的意志才能克服困难、成就事业，但你的身体却绝不是钢做的，只有经常腾出时间来呵护它，身体才会生龙活虎，事业才会锦上添花！

吃饭的时候吃饭，睡觉的时候睡觉

原文

禅宗曰："饥来吃饭倦来眠。"诗旨曰："眼前景致口头语。"盖极高寓于极平，至难处于至易；有意者反远，无心者自近也。

译文

禅的心法是："饿了就吃饭，困了就去睡觉。"诗的宗旨是："眼前的景致，口头的语言。"所以，高深的境界往往见于普通平凡之中，困难的事情往往从简单的地方入手。刻意追求，反而距离真理越来越远；无心而为，反而越来越接近大道。

一个学禅的弟子问："师父，什么是禅？"

师父回答道："吃饭的时候吃饭，睡觉的时候睡觉。"

弟子说："师父，这太简单了。"

"没错。"师父说，"可是很少有人做得到。"

人的一生有太多的追求，因为这些追求，我们奔波劳碌，忽视了身边的花鸟，近在眼前的乐趣我们熟视无睹。就像夸父追日一样，我们追逐永远追不上的东西。

也许你会说，生命正是因为这些追求才显得有意义。但是，如果你的追求永远让你疲倦地奔跑,甚至没有享受生活的时间,那么你的追求也就失去了最初的意义。你只是一个疲倦的奔跑者而已!

我的朋友马先生创办传媒公司,年利润200多万,有房有车。在外人看来,可谓是原汁原味的富裕生活,这辈子还有什么可担心的呢?可在2008年他却患上严重的抑郁症,不得不去找心理医生诊治。

原来受经济危机的影响,马先生所在行业形势堪忧,传媒业务非常难做,连续亏损几个月了。他每天活在巨大的压力之下,担心公司倒闭、员工树倒猢狲散、妻子甩手而去、朋友纷纷逃离……

心理医生在得知情况后,建议他将工作交给自己的手下,离开都市——欣赏田园风光,看看那些闲适农人的生活。心理医生还告诉他:你担心的这些其实并不重要,它们不是你最终的人生目标,内心沉静才真正幸福。如果内心充满忧虑,即使坐拥金银财宝,每天对着山珍海味,又能如何呢?

马先生听了医生的话醒悟了。从那以后,不再整天忙着赚钱,而是每隔一段时间,就带着妻儿去云南乡下作客。一家人游山玩水、吃粗茶淡饭、住小竹楼,马先生觉得自己仿佛变了一个人,心里的病全好了,而公司也随着经济形势的好转起死回生。他忍不住感叹——原来这才是自己想要的幸福!

《菜根谭》中说:“人知名位为乐,不知无名无位之乐为最真;人知饥寒为虑,不知不饥不寒之虑为更甚。”意思就是,人们都知道拥有名利和权势是人生一大乐事,却不知道清静自足的人生才是最实在的;都觉得饥饿和寒冷可怕,却不知道衣食不愁之后,由于欲望太多而患得患失的精神折磨更加痛苦。

也许你很忙碌,时间被排得满满的,但为什么你并没有因这些忙碌而感到内心充实？因为你一直生活在别处，你的心不在此时此地。每天见的人是你不喜欢见的，做的事是你不喜欢做的。你感觉疲乏，感觉自己失去力量，心里仿佛有一个巨大的黑洞。为什么不静下来想一想，到底是什么让你变成今天这样一个徒有虚名的追求者？

比如，晚上你梦见一个白马王子或性感女郎，兴奋得笑醒了。但是，你忘记应该回家看望很久没见的父母。你总是为身边没有另一半而郁闷，也许正在你郁闷的时候，父母托人给你介绍了一位条件不错的对象，只是你一直没有回家，所以错过了另一半，错过了你未来的幸福。

很多人原本就浸泡在幸福的蜜罐里，却总是追问自己的幸福在哪里。这不是很荒唐的一件事吗？《菜根谭》中说："有一乐境界，就有一不乐的相对待；有一好光景，就有一不好的相乘除。只是寻常家饭、素位风光，才是个安乐的窝巢。"意思就是，人生有一快乐事，就有不快乐的事相对应；有一好风景，就有恶风景前来抵消。什么是幸福呢？看来只有每天的家常便饭、日常生活，才是真正的安乐去处。所以，不要再无休止地迷恋白日梦中的幸福了，只要你睁开眼睛，就会惊奇地发现幸福就在此时此刻，就藏在你每天的家常便饭和日常生活之中。所以，恋爱的时候享受爱情，工作的时候享受激情，踏踏实实地过好每一天，这就是幸福！如果每天只是沉溺在白日梦中，到最后剩下的只能是蹉跎空叹。

正如禅宗所言，该吃饭的时候吃饭，该睡觉的时候睡觉，这不都是平凡中的幸福吗？从今天开始，让我们用心体验当下的日常生活吧！

后　记

为写作本书，本人精心研读明代洪应明所著《菜根谭》原文，并结合中国当今社会实际情况，梳理出一套自己的解读和诠释。那么，《菜根谭》究竟是一本什么样的书呢？这是一本以处世思想为主的格言体小品文集，作者洪应明，字自诚，号还初道人。该书熔儒、释、道为一炉，糅合儒家的中庸思想、道家的无为思想和佛家的出世思想，处处可见真知灼见。内容包括修身、处世、待人、接物、应事等各个人情世故要点，所言所语一针见血、催人警醒。

《菜根谭》成书于明朝万历年间，四百年来影响深远、经久不衰。不仅于此，该书还传入日本，成为日本企业界的案头必读书。从日本明治四十年（1907）到大正四年（1916）的短短九年时间内，反复印刷了25次！中国众多有识之士都极其推崇本书，比如毛泽东主席曾将《菜根谭》的理念提炼为“嚼得菜根者，百事可成”。可惜很多读者至今为止，仍未能领略本书奥义，实在是一大遗憾！

为了让《菜根谭》的思想流传更广，同时让中华优秀文化有助于世道人心，本人不吝鄙陋，斗胆对《菜根谭》进行当代阐释和解读。由于才疏学浅，我的解读单薄牵强甚至隔靴搔痒，都将在所难免。书中出现的所有不足，恳请读者诸君见谅并不吝赐教。